SOBRE A CONSTRUÇÃO DO SENTIDO

Coleção ELOS
Dirigida por J. Guinsburg

Equipe de realização – Revisão: Raquel Fernandes Abranches •
Logotipo da coleção: A. Lizárraga • Capa e projeto gráfico: Adriana
Garcia • Produção: Ricardo W. Neves e Sergio Kon.

RICARDO TIMM DE SOUZA

SOBRE A CONSTRUÇÃO DO SENTIDO

O PENSAR E O AGIR ENTRE
A VIDA E A FILOSOFIA

PERSPECTIVA

Dados Internacionais de Catalogação na Publicação (CIP)
(Câmara Brasileira do Livro, SP, Brasil)

Souza, Ricardo Timm de, 1962- .
Sobre a construção do sentido : o pensar
e o agir entre a vida e a filosofia / Ricardo Timm de Souza. —
São Paulo : Perspectiva, 2008. — (Elos ; 53)

2ª reimpr. da 1. ed. de 2003.
Bibliografia.
ISBN 978-85-273-0324-8

1. Filosofia - Brasil I. Título. II. Série.

04-2971   CDD-199.81

Índices para catálogo sistemático:
1. Brasil : Filosofia 199.81
2. Filosofia contemporânea : Brasil 199.81

1ª edição – 2ª reimpressão
[PPD]

Direitos reservados à
EDITORA PERSPECTIVA LTDA.
Av. Brig. Luís Antônio, 3025
01401-000 • São Paulo • SP • Brasil
Telefax: (0xx11) 3885-8388
www.editoraperspectiva.com.br
2019

*Aos Professores
A. J. Caldana,
Osvaldo Biz,
Maria José Barreras e
Adão Clóvis Martins dos Santos,
o reconhecimento do
sempre aluno.*

Aos meus alunos e alunas.

SUMÁRIO

Prefácio 11

Preâmbulo: O Pensamento Filosófico em
um Mundo Complexo 15
   1. A Pluralidade de Perspectivas 16
   2. O Diálogo Com Outras Dimensões do
      Conhecimento 20
   3. A Preocupação Fundamental Com a Ética 23

1. Existência e Crise 27
   1. Introdução – O Espasmo da Vida 27
   2. Crise 31
   3. Temporalidade 36

2. A Tentação do Óbvio 43
   1. O Filosofar Ameaçado de Morte –
      As Três Grandes Ameaças 43

Primeira ameaça de morte do filosofar 46

Segunda ameaça de morte do filosofar 48

Terceira ameaça de morte do filosofar 51

2. Entre Vida e Morte 54

3. A Desconstrução do Óbvio e o Início da Filosofia. .. 57

1. A Crise do Sentido 57

2. Uma Metáfora 58

3. Da Existência à Reflexão – A Desconstrução
do Óbvio e o Início do Filosofar 64

4. Da Crise à Crítica – O Nascimento da Filosofia 71

1. Crise e Crítica 71

2. O Mergulho nas Estruturas da Realidade
e o Esforço Pela Sua Compreensão:
o Início da Filosofia 72

3. A Filosofia Como Questionamento Radical
da Obviedade 75

4. Filosofia Como Crítica da Realidade 77

Síntese Final: O Desafio da Vida e a Construção
do Sentido 81

1. Filosofia Como Existência Refletida 81

2. Filosofia Como Radicalidade
na Temporalidade 82

3. O Desafio da Vida e a Construção Ética
do Sentido 82

Indicações Bibliográficas 87

PREFÁCIO

Cantar? E a rouquidão dos dias?
Jayme Paviani[1]

O tempo certo está aí.
Franz Rosenzweig[2]

Viver é uma aventura realmente exigente. É penetrar em uma floresta infinitamente densa, intrincada, complexa, cheia de cores, sons, sugestões, vibrações de todo o tipo, aromas e belas e estranhas formas infinitamente multiplicadas – cada recôndito esconde um segredo. Mas entrar nesta floresta é também ser tomado de inquietação, de indignação mesmo, é aproximar-se de sombras, do horror, do inaceitável, de regiões escuras que a vista não alcança; é

---

1   Poeta e filósofo brasileiro contemporâneo.
2   Filósofo alemão, 1886-1929.

ouvir sons que o ouvido não distingue completamente. É também se chegar a encruzilhadas, hesitar frente a muitas possibilidades, correr o risco até mesmo de cair na areia movediça. Viver é correr o sério risco de perder-se nesta floresta. Ou achar-se nela.

Mas viver é, antes de tudo, encontrar Outros, outros variados, com outras linguagens, outros sentidos, outras realidades: outros mundos, outras vidas. Viver é estranhar o mundo... é não poder repousar, ter de responder por si frente à realidade, à realidade múltipla, exigente, que tudo o que é diferente de mim significa... viver é a aventura por excelência, a mãe de todas as aventuras possíveis.

Compreender o sentido desta aventura, ou criar sentidos para esta aventura: eis o *filosofar* em seu sentido mais pleno. A filosofia é uma das formas de que dispomos para não sermos apenas carregados pelos ritmos da floresta da existência e, sim, um modo privilegiado de aprendermos a nos mantermos sobre nossos próprios pés ao longo do desafio em que viver necessariamente se constitui.

* * *

Este pequeno e despretensioso livro tem como objetivo facilitar a compreensão de alguns dos diversos modos que esta caminhada consciente ao longo da vida, que chamamos filosofia, pode assumir; ele se destina, em primeira linha, a todo e qualquer espírito inquieto, especialmente aqueles iniciantes tanto nas trilhas da vida como da filosofia. Gostaria também, da mesma forma, de se constituir em leitura útil para os não tão iniciantes, porém inquietos, nos desafios do dia a dia.

O estilo deste livro pretende prescindir de complicações desnecessárias; pretende ser direto e tocar o cerne das questões, como aliás intende fazer originalmente a própria filosofia em sua incisiva e cuidadosa atividade de investigação do real. Ele surge de uma experiência eminentemente prática, que dura já alguns anos: aulas de graduação e cursos de extensão de introdução à filosofia ministrados em várias universidades e em outras instituições, em circunstâncias muito diversas e com públicos igualmente extremamente diversificados. Aulas que se constituíram em diálogos constantes com os alunos, com gerações de alunos, em um projeto de construção conjunta. Aulas nas quais perseguimos de forma pertinaz a questão da filosofia enquanto *sentido do filosofar*, através do questionamento constante: "qual o sentido de fazer filosofia, hoje, aqui e agora?". É esta a questão maior da qual não nos desviamos.

Os bons resultados obtidos ao longo deste tão gratificante conjunto de experiências induziram-nos a fixar em texto o principal dos argumentos desenvolvidos conjuntamente com os alunos ao longo destes muitos encontros. O resultado destes esforços é este livro – livro que, como a construção do sentido da realidade, se deu de certa forma em colaboração de muitas mãos escreventes. E o objetivo precípuo deste livro é um só: inquietar – e aguçar – filosoficamente o leitor, ou seja, convidá-lo a penetrar na floresta da existência com uma aguda consciência do que isso possa realmente significar.

PREÂMBULO:
O PENSAMENTO FILOSÓFICO
EM UM MUNDO COMPLEXO

...O ser humano é sempre um aprendiz,
o mundo é um experimento,
e o ser humano tem de iluminá-lo.
Ernst Bloch[1]

Faz-se necessário que destaquemos previamente algumas
dimensões que orientam nossas preocupações filosóficas.
Trata-se de características de nosso mundo contemporâneo, características que, assim consideramos, têm de ser
levadas a sério em qualquer esforço filosófico empreen-
dido em nossos dias. Destacaremos aqui as seguintes
dimensões fundamentais: a *pluralidade de perspectivas*, o
diálogo com outras dimensões do conhecimento e a *preocupação
fundamental com a ética,* ou seja (o que dá no mesmo), a

---

1   Filósofo alemão, 1885-1977.

possibilidade de construção de um futuro humano e ecologicamente sustentável.

1 – A Pluralidade de Perspectivas

Não é possível, hoje, pensar em fazer filosofia sem levar a sério a pluralidade de perspectivas, e não como um elemento acessório, mas como uma dimensão essencial da própria atividade filosófica contemporânea.

O século XX se caracterizou por sua extraordinária variedade de acontecimentos significativos. Na verdade, não há como reduzi-lo a um slogan, a uma fórmula; é verdade que foi o "século da técnica", mas foi, também, "o século das grandes experiências políticas". Como foi o século das conquistas na higiene e na medicina que salvaram a vida de muitos milhões de seres humanos, foi também o século das guerras absurdamente devastadoras que aniquilaram também muitos milhões. Foi o século em que o ser humano conseguiu ir à Lua, enviar naves não tripuladas a outros planetas e ao espaço sideral. Mas foi, também, o século em que a terra foi extraordinariamente devastada e expropriada de seus recursos originais. Um século de *contrastes* absolutos, nos sentidos mais variados.

Essa situação nos coloca, homens e mulheres na transição do novo milênio, em uma posição altamente problemática. Não dispomos, em termos filosóficos[2],

2   A diferença entre a filosofia e a teologia, por exemplo, ou entre a filosofia e as doutrinas das diversas religiões, consiste no fato de que a filosofia só deve levar em conta, ao executar sua tarefa, as dimensões da racionalidade imanente, ou seja, é o pensamento que, voltando-se à realidade,

de "absolutos" aos quais nos agarrarmos, aos quais nos referirmos; a época contemporânea se caracteriza, exatamente, por ser um tempo nos quais faliu a autoridade dos absolutos. Temos de conviver com o parcial, o precário, o relativo, as diversas perspectivas. Somos continuamente chamados a conviver e a lidar com o Outro, que nos traz seu mundo de referências, sua linguagem, suas referências muitas vezes completamente diferentes das nossas, seus desejos e expectativas. É necessário que assumamos posições próprias, para que as posições dos outros possam ser compreendidas. *Não falamos todos do mesmo lugar*: eis um dado fundamental da contemporaneidade.

A constatação desse fato faz com que o pensamento filosófico contemporâneo seja muitas vezes acusado simplesmente de "relativista". Tal não é geralmente, porém, o caso. Ter posições claras relativas a condições e circunstâncias históricas, culturais, econômicas, sociais, psicológicas particulares não significa cair em um relativismo inconsequente, mas em compreender – ao assumirmos uma posição "particular" – que nos entendemos exatamente desde uma *posição* particular, e apenas desde ela. Não somos sujeitos "puros", mas verdadeiros "mundos

se utiliza apenas de si mesmo para chegar às suas conclusões, enquanto a teologia ou as doutrinas religiosas devem levar em consideração a revelação, por exemplo. Assim, não é possível pensar uma teologia cristã sem os grandes documentos da base do cristianismo – os evangelhos – que vêm antes de qualquer especulação. As duas formas de pensamento – filosófica e teológica – não se confundem, embora possam, sob certas circunstâncias especiais, bem conviver. Neste livro, a argumentação se desenvolve de forma totalmente filosófica.

humanos" inteiros, com perspectivas, origens e sentidos próprios e existências infinitamente variadas. Um tapete japonês tem provavelmente, para um brasileiro, o sentido de um fino objeto de decoração, e nada mais; para um japonês, por outro lado, significa muito mais: indica talvez onde a família se senta para exercer certas cerimônias fundamentais para sua autocompreensão *como* japoneses. Um lápis, para uma criança rica, que dispõe de centenas de brinquedos e objetos de escrita, não é senão um objeto *a mais*; para a criança pobre, porém, um lápis pode ser infinitamente mais; pode ser o indicativo de poder ser aceita na escola, por exemplo: um verdadeiro símbolo de aceitação social. Um objeto banal para uns pode ser um objeto de enorme valor para outros. Um livro velho e mal-conservado, para um livreiro, tem apenas o sentido de um mínimo valor econômico; para um colecionador de livros daquele tipo específico, seu valor é muito mais considerável; e para um descendente da pessoa que possuiu aquele livro, seu valor pode assumir um outro sentido muito mais importante, ou ser enormemente multiplicado. Um livro velho não é, assim, um objeto neutro, mas, sim, *o valor e o sentido que assume para cada apreciador*. Não existe um *livro em si*, mas apenas livros diversos apreciados segundo perspectivas diversas – e nenhuma é absoluta. E assim com toda "a" realidade; não existe uma "realidade em si", mas sim os infinitos sentidos de realidade que se apresentam a cada um, que desde sua perspectiva própria, pretende abordar "a" realidade.

Isso explica fatos e acontecimentos inexplicáveis desde uma perspectiva de "absoluto". Uma determinada garrafa velha de refrigerante, objeto absolutamente banal no mundo ocidentalizado, assume, ao cair em uma região com outros parâmetros de compreensão de realidade, um valor completamente diferente – vide a famosa comédia *Os Deuses Devem Estar Loucos* [3]. Um velho brinquedo de pelúcia de uma criança que, segundo sua mãe, merece ir para o lixo, pode ter para quem o possui um sentido infinitamente mais rico, em relação ao qual a simples ideia de descartá-lo significa uma agressão, e sua perda corresponde à perda, por exemplo, de um animal de estimação.

E isso vale não só para objetos, mas também para usos, costumes, instituições. Um gesto que em determinado contexto é ofensivo, em outro contexto pode ser um delicado elogio; esfregar nosso nariz no nariz de quem encontramos pode parecer, a um ocidental, sinal de ofensa ou mau-gosto; entre certos povos, porém, nada mais é do que um respeitoso cumprimento. Atirar objetos pela janela, em muitas culturas, não significa mais que sinal de grosseria ou má-educação; em outras, porém, nada significa senão a demonstração de uma especial alegria.

Assim, não é de relativismo que se trata, mas de posições relativas desde a qual a vida assume seu sentido de infinita riqueza e multiplicidade. *E é nessa vida que nos movemos, é nessa vida que vivemos*. A filosofia teve de aprender a conviver com tal fato; sem que fatos como estes sejam levados em consideração, o discurso filosófico assume ares de descartabilidade e de pedantismo vazio – o

---

3   Neste filme, uma garrafa vazia de refrigerante cai de um avião em uma comunidade de nativos africanos, que acabam transformando a garrafa em objeto de culto.

que é exatamente o contrário do que se entende propriamente por filosofia, em qualquer tradição digna desse nome.

2 – O Diálogo Com Outras Dimensões do Conhecimento

A filosofia não é uma atividade solitária nem autossuficiente. Nem na comunidade dos filósofos, nem entre os filósofos e os não filósofos, pode-se avançar minimamente sem que aproximações sejam cultivadas. Pois a filosofia não nasce de si mesma, ou de um cérebro solitário, e sim de *problemas* filosóficos. "A filosofia não parte de si mesma, e sim das coisas e dos problemas" – sintetizava o fundador da Fenomenologia, Edmund Husserl[4]. E as coisas e os problemas – a realidade em seus mais diversos aspectos – é que fornecem ao filósofo o material de suas análises.

Também as ciências, as artes, a literatura, são formas de abordagem do real, modalidades cada uma com sua especificidade, investigando dimensões diferentes umas das outras, mas abrindo simultaneamente interfaces produtivas, novos questionamentos que desembocam frequentemente em novos problemas filosóficos.

Durante muito tempo, tem-se acreditado ser a ciência positiva, aquela que lida com a "materialidade" do mundo (química, física, biologia, etc.), a forma mais perfeita de abordagem da realidade, aquela forma que chegaria "realmente" ao que interessa, ao núcleo das questões e à solução de todos os problemas; mas hoje é perfeitamente evidente

4   Filósofo alemão, 1859-1938.

que isso é muito mais um preconceito positivista ou funcionalista do que um juízo de realidade – especialmente desde que se percebeu com clareza as transformações que sofrem as próprias ciências, por exemplo, na estrutura de indeterminação da física contemporânea, entre muitos exemplos possíveis. A simples atividade científica não resolve todos os problemas, pois subjaz ao exercício de cada ciência uma *ideia* do que seja essa ciência, e essa ideia não é, muitas vezes, suficientemente refletida em sua parcialidade: é simplesmente dada como "óbvia" e, como veremos, a filosofia é uma inimiga mortal da obviedade. Além disso, a forma de exercício da atividade científica é determinada por modelos lógicos que não provêm da própria ciência, mas antes da filosofia. Cada ciência, seja em seus fundamentos, seja em seus métodos, remete continuamente a formas parciais de ver o mundo; e quem lida com essas formas é a filosofia. Ainda mais: subjazem às diversas formas de exercício da ciência questões éticas graves – como, por exemplo, até que ponto se pode e deve manipular genes – questões que a ciência não tem nem os meios, e, a rigor, nem a obrigação de equacionar corretamente. Essa obrigação é precípua da filosofia, e deve ser alvo de sua atenção constante. Abdicando dessas questões, a filosofia se anularia, pois estaria renunciando ao mais essencial de si mesma.

Por outro lado, a filosofia – investigação dos fundamentos da realidade – não pode pretender substituir-se à efetividade da ciência positiva, pois pertence a essa, e não à filosofia, a investigação empírica das diversas dimensões do real. Só a ciência pode, em última análise, determinar os meios ótimos de investigação de seu campo de estudo; à filosofia cumpre, neste caso, investigar o *sentido* que possam ter as descobertas científicas.

Também as artes dispõem de uma abrangência própria. A estética, embora disciplina filosófica, sugere na verdade a superação dos limites meramente filosóficos de análise e assume uma autonomia particular e inconfundível, estabelecendo-se também como uma abordagem – ou uma construção – própria e significativa da realidade. A literatura move-se em mundos de sentido diversos daqueles da filosofia e da ciência, e nem por isso menos válidos, mas igualmente ricos de sentido: *diferentes*.

Assim, a tarefa de subsumir cada forma de abordagem do real em alguma outra forma – a filosofia como "parte" da ciência, a arte como "parte" da filosofia – tem de, necessariamente, fracassar; ela não leva em conta nem a realidade do mundo contemporâneo nem a complexidade dos diversos campos que pretende absorver em um todo. O sonho de uma tal tarefa pertence a um tempo em que se julgava possível chegar, de alguma forma, à *totalidade* das manifestações do real. Mas sabemos hoje com extrema clareza que, pelo menos desde meados do século XIX, tal sonho não passa de uma quimera perigosa[5].

Não existe, portanto, entre as mais variadas formas de investigação do real, uma hierarquia rígida de valor ; cada uma é construtiva e pertinente, desde que coerente com sua especificidade. O que é realmente importante é que

---

5   Cf. meu texto "O Século XX e a Desagregação da Totalidade", in: *Totalidade & Desagregação – Sobre as Fronteiras do Pensamento e Suas Alternativas,* p. 15-29.

as múltiplas linguagens não permaneçam estanques, isoladas em si mesmas, presas a suas próprias verdades, mas que se disponham a dialogar com outras dimensões de realidade. E é nesse espírito que se move a investigação filosófica, hoje; após o fim dos dogmatismos, a filosofia não teme expor-se à crítica de outros campos do conhecimento humano, pois sabe que é no diálogo com essa crítica que seu sentido mais profundo pode assomar à consciência da época em que vivemos.

3 – A Preocupação Fundamental Com a Ética

Não é sempre fácil entender até que ponto a ética é determinante na vida dos indivíduos e das sociedades. Mas não existe questão humana que não seja uma questão *radicalmente* ética. Porém, faz-se necessário que, previamente, seja convenientemente elucidado o sentido em que a palavra "ética" é utilizada no contexto deste livro.

"Ética" não tem, aqui, o sentido de um mero conjunto de reflexões, pretensamente neutro, sobre as diversas formas do agir humano; também não significa um conjunto de prescrições a serem seguidas, ou uma tábua de referência do agir. Mas "Ética" tem, aqui, o sentido de uma condição original e fundante de toda e qualquer atividade humana, inclusive da própria filosofia, na medida em que não se pode exercer filosofia alguma em um meio – no contexto de uma guerra, por exemplo – onde a convivência entre os diversos seja dirigida não no sentido da *relação* uns com os outros, mas da *aniquilação* de uns pelos outros. Portanto, para que se possa pensar ou conceber a filosofia, para que as preocupações filosóficas possam tomar forma, sejam elas quais forem, necessário se faz que o chão por sobre o qual caminhamos seja determinado por relações éticas mínimas: elas são absolutamente indispensáveis.

Aprofundemos essa ideia. O fato de que, por exemplo, em um congresso de filósofos, *não* haja explodido uma bomba que viria a aniquilá-los ainda antes do início do encontro, é um fato ético por excelência – embora normalmente não percebido como tal. Mas, se uma bomba realmente explode, tudo fica mais fácil: o terrorismo, ou uma atitude antiética por excelência (e, por isso, referida à ética) *determinou* o não acontecimento do encontro programado. Trata-se de um dado concreto prévio a qualquer especulação, e determinante com relação à possibilidade de qualquer especulação.

Mas não só com relação a qualquer especulação: também com relação a toda e qualquer atividade humana. Não há uma só atividade humana que não dependa diretamente de ações éticas prévias, ou que não seja essas ações mesmas. O fato de termos chegado à idade adulta envia a um passado onde inúmeras pessoas agiram para conosco no sentido de permitir tal crescimento, do ponto de vista físico, psicológico, etc. Bastaria que apenas *uma* delas agisse *de forma inversa* – assassinando-nos, por exemplo – para que aqui não estivéssemos, pensando justamente em nosso passado. Bastaria que o obstetra houvesse cometido um erro decisivo, por exemplo, e aqui não estaríamos. O *fato* de que tal não aconteceu é a *condição* de nossa vida. *O agir ético humano é a expressão da não neutralidade da vida.*

Assim, como disse Ludwig Wittgenstein[6] certa vez, "a ética não trata do mundo... a ética deve ser uma condição do mundo..."[7]. É neste sentido que a ética é a primeira das filosofias, aquela que permite que os filósofos surjam, e, por decorrência, as filosofias, que não existem sem os filósofos e filósofas.

Desse modo, todas as questões humanas – das mais prosaicas e individuais aos grandes projetos coletivos das comunidades e das sociedades – apontam, em primeiro lugar para questões éticas de origem: sua *origem* é ética. *Todas* as grandes questões que devastam os seres humanos têm fundo ético – da escassez da água às crises socioambientais, das disparidades norte-sul à precariedade das instituições políticas, do buraco de ozônio às emissões tóxicas na atmosfera, das guerras maiores e menores ao contexto de violência, em infinitas formas, que vicejam em meio ao medo coletivo. *Nenhuma* destas tão importantes e decisivas questões pode nem ao menos ser abordada senão desde o prisma de uma profunda questão ética a ser equacionada de forma muito séria, pois deste correto equacionamento pode vir a depender a sobrevivência da humanidade como um todo.

E mesmo supondo-se, hipoteticamente, todo esse conjunto de problemas resolvidos para uma pessoa que habita uma paradisíaca ilha deserta, a questão ética não desapareceu, na medida em que tal indivíduo apenas chegou a tal estado de tranquilidade através de sua relação

6   Filósofo austríaco, 1889-1951.
7   Diários, 24/7/1916.

com outros ao longo do tempo, o que constitui, exatamente, as relações éticas. O que tal indivíduo faz com seu estado de beatitude é uma questão que envia, novamente, à dimensão ética do próprio "constituir-se" humano.

E é por isso que a filosofia não pode, evidentemente, descurar desse aspecto de seu *fundamento*. E esse livro procura também traduzir, em larga medida, essa preocupação.

I. EXISTÊNCIA E CRISE

I – Introdução – O Espasmo da Vida

Partamos de nossa existência. Esse é o caminho mais próximo e, evidentemente, o mais natural. Mas não de nossa existência refletida de forma sofisticada, tal como a podemos circunscrever agora. As questões "Quem sou?", "De onde vim?", "Que devo fazer?", "Para onde vou?" – expressões das célebres questões de Immanuel Kant[1], de absoluta importância na ordem do filosofar, não surgiram ainda com esta "forma".

Estamos em um momento bem anterior. Estamos *nascendo*.

Passamos vários meses no útero de nossa mãe. Agora, aproxima-se o parto, o momento em que ela nos "dará à luz".

---

[1] Filósofo alemão, 1724-1804.

Na hipótese de que a gestação tenha sido normal e nossa mãe, bem como nosso meio familiar e social, tenham conseguido nos preservar de choques e ataques de doenças e de outros desconfortos, a vida no útero é bastante protegida. Um líquido na temperatura certa nos envolve, a nutrição e a respiração estão garantidas, a posição no espaço é, por assim dizer, "absoluta" (na medida em que não temos de lutar constantemente para nos mantermos "aprumados"), a quantidade de luz é adequada para nossos frágeis olhos, e a de som para nossos ouvidos. Há espaço e condições para que nosso processo de formação chegue a bom termo e para que nossos processos fisiológicos se desenvolvam e amadureçam. Temos, é verdade, uma vida interna intensa, sonhos e agitações, etc., mas pelo menos por "fora" estamos, em princípio, minimamente garantidos.

Mas o momento do parto se aproxima, com desafios que colocarão em xeque toda nossa possível sensação de segurança até então: aproxima-se o espasmo do nascimento.

Então, subitamente, somos expulsos ou retirados, contra qualquer coisa que pudéssemos imaginar fosse a nossa vontade, do receptáculo em que estávamos tão bem acomodados.

De um mundo homogêneo, protegido, somos conduzidos a uma situação de pura *estranheza*. Nada mais de suavidades: o contato de nossa pele frágil, mesmo com o mais delicado dos tecidos com o qual possam nos envolver, será sempre um *atrito*. De uma só vez, nossa precária organização física terá de se ver com uma quantidade inusitada de novos estímulos e provocações. Teremos de inspirar ar, que entrará frio em nossos pulmões, em um atrito agressivo. Acomodados em nosso berço, estamos, em um primeiro momento ao menos, em uma situação de enorme desconforto. Tudo é estranho – luzes, cores, sons, sensações, posições, pesos, estímulos, nossos próprios órgãos chamados à vida autônoma – tudo choca, tudo é *Outro*. O mundo está para além de nós, vem a nós de forma desconfortável mas incisiva, inelutável, *inegável*. E uma primeira lição decisiva e profundamente filosófica emerge já dessa multidão de experiências: nascer é atritar a realidade, e *viver é atritar o real*.

Uma vez nascidos, nada fará com que voltemos ao estado anterior; nada será capaz de reproduzir nossa inocência original, nada fará com que tenhamos sido *"não nascidos"*. Agora estamos apaziguados, protegidos, em nosso berço confortável mas, de certo modo, *"sabemos"* – sabemos que poderia ser diferente, e que o mundo é maior que nosso berço e as cobertas que nos protegem. Ao menos a partir deste "saber", estamos *definitivamente inscritos na existência*. E estamos condenados a persistir nela. Mesmo que venhamos a morrer no próximo segundo, nada, nenhum poder, fará com que nunca tenhamos existido.

A inércia, elemento que, de certo modo, jogava a nosso favor quando estávamos no útero, agora é nossa inimiga mortal. *Tudo é luta*. Se antes havia a onipresença dos nutrientes, do calor, da suavidade, agora tudo parte da *separação*. É porque estamos, por exemplo, *separados* do alimento que sentimos fome; é porque estamos *separados* da proteção que sentimos frio; é porque estamos separados do ar que temos de respirar. E viver consiste primariamente em ir tomando consciência dessa separação. É nela que consiste, em sua forma primigênia, nosso verdadeiro existir.

Assim, somos *separados*, e somos separados porque não nos confundimos com o que não somos nós. Se isso ainda de certo modo era possível no útero, fora do útero indica uma patologia. E não somos quase nada, a não ser nós mesmos... chegamos talvez a sonhar em sermos um com nossa mãe, mas nem esse desejo é, em fim de contas, possível[2].

Assim, não nos resta senão assumirmos nossa visceral *unicidade*. Não já de uma maneira refletida, ponderada, mas de um modo que permita a nossa sobrevivência. Viver, já desde suas primeiras instâncias, é um *sobre-viver*: viver por "sobre" a infinidade de circunstâncias que nos desafia continuamente, embater-se nas ondas da existência, viver *apesar* das infinitas armadilhas da vida... Cada minuto, cada segundo é, na verdade, a proclamação de uma sobrevivência; significa que, apesar do peso que a vida representa, dos perigos inerentes a ela, nós fomos capazes de *achar saídas,* saídas das infinitas situações que se sucedem e que poderiam significar, simplesmente, o nosso fim.

Podemos assim compreender que o nascimento, e o que se lhe segue em termos de adaptação ao mundo, é uma das maiores, se não a maior – e mais decisivas – *crises* pelas quais passa o ser humano. E dizemos "crise" com

---

2   Sabemos que o desejo exagerado de permanecer aderido à mãe – desejo reforçado inconscientemente pela mãe – acaba por conduzir a situações patológicas.

a plena significação do sentido desse termo, usado aqui em um sentido muito rico, fecundo e especial, como veremos a seguir.

2 – *Crise*

Eis que quem nasce está às voltas, contra sua vontade, com uma gigantesca "crise" – todas as suas "certezas", toda a sua confiança na inércia do indiferenciado que o útero lhe significava foram reduzidas a nada, graças à vida propriamente dita, que lhe reservou um enorme volume de surpresas em tão pouco tempo.

A crise é, assim, segundo o sentido que aqui lhe damos, uma das vivências mais originais do ser humano, senão a mais original.

Mas como deve ser aqui entendida a palavra "crise"?

Certamente não no sentido banal a que estamos acostumados. A crise não deveria ser, nunca, compreendida como um obstáculo intransponível, como a decadência, a desagregação ou a pura catástrofe.

"Crise" origina-se do grego "kríno", adequado a um grande conjunto de sentidos: "distinguir", "discernir", "julgar", "acusar", "condenar", "explicar uma questão", "interpretar", "apreciar", "avaliar". E "crise" – krísis – significa, entre outras coisas, "ação ou faculdade de separar, de discernir", "luta", "decisão", "juízo", "sentença", "resultado", "desenlace"[3].

---

3   Cf. Isidro Pereira, *Dicionário Grego-Português e Português-Grego*. Porto, Livraria Apostolado da Imprensa, s/d., p.333.

É assim facilmente perceptível que a palavra crise, em sua etimologia, envia muito mais para uma situação de *tensão* e *decisão* do que para um acontecimento de catástrofe absoluta[4] ou de decadência irreparável.

"Crise" significa assim, antes, uma situação a respeito da qual uma determinada decisão tem de ser tomada; significa o rompimento com a lógica do passado e o equacionamento e interpretação precisos das condições do presente; significa a capacidade potencial de "julgar" o sentido do passado; significa a possibilidade de discernir os elementos do passado e do presente no sentido da construção do futuro.

Portanto, "crise" já tem, na própria palavra, um potencial "positivo" ao qual não estamos absolutamente familiarizados no dia a dia. Pois a disseminação da palavra "crise", ao mesmo tempo em que, por um lado, acostuma as pessoas a pensá-la como uma negatividade pura ou um limite destrutivo, por outro lado banaliza e amortece seu poder questionador – sendo que estes dois aspectos são dois lados de uma mesma moeda. A leitura meramente negativa do termo "crise" faz com que, consciente ou inconscientemente, tenhamos medo dela, da negatividade que ela representa; e, ao descurarmos a sua dimensão profundamente positiva, abdicamos de aproveitar o tempo da crise para encetar as modificações necessárias nas condutas pessoais e sociais. Cria-se assim um círculo vicioso:

4   É interessante observar que mesmo a palavra "catástrofe", além de seu sentido óbvio de aniquilação, tragédia ou destruição, conserva em sua origem os seguintes sentidos, entre outros: volta, mudança, saída, fim, morte, conquista.

temos medo exatamente dos momentos e situações que nos permitiriam, pela correta interpretação dos fatos, a tomada de posição frente à realidade que impediria que outras crises como aquela emergissem. Ao percebermos apenas o lado "negativo" da crise, *fugimos das chances de superação de nossos medos e problemas através da conscientização do sentido da crise*, porque, mal-entendendo, julgamos que estas chances sejam pura destrutividade.

Mas a vida é uma crise constante, uma permanente *crise de crescimento*. Ao negarmos a crise, como veremos adiante, estamos, na verdade, negando possibilidades à própria vida.

* * *

Neste momento, porém, ainda não chegamos tão longe. A criancinha não pensa na crise: ela a *vivencia*. É esse o tecido de sua própria vida.

Pois o que é a vida senão um paulatino aprendizado de privações e superação de privações? Qual o animal e a planta que, na natureza, não têm seu existir condicionado exatamente por essa luta? A constatação da privação, e a luta pela sua superação: eis o mote maior da luta pela vida. O cacto que armazena a parca quantidade de água no deserto, a pequena tartaruga que corre na esperança de atingir o mar antes que os predadores a alcancem, o caranguejo-eremita à procura de uma concha vazia onde proteger seu frágil ventre, a salamandra que sacrifica um membro pela vida, o peixe que desenvolve alternativas de respiração aérea que lhe permitem viver até mesmo em águas podres, o outro peixe que coloca ovos no charco raso que logo secará, morrendo em seguida – mas os ovos reviverão na próxima cheia – o que há de comum entre todos eles? Exatamente isso: fazem da *privação* – de alimento, segurança, etc. – impulsos para sua própria sobrevivência, sua e da espécie. Para todos eles, a ameaça à sua sobrevivência transformou-se em alternativa para essa própria sobrevivência, em sua própria *possibilidade*.

E o mesmo acontecerá à criancinha. Também ela se vê às voltas com inúmeras chances de sucumbir às ameaças à vida; mas, na criança normal, é exatamente essa tensão que fará com que cada momento seja tão especial: cada momento significa a possibilidade de superação das contingências que a empurram para a inércia e a destruição.

Evidentemente, estamos falando aqui não de atitudes conscientes, mas de algo que se aproxima da noção de "instinto", tal como é normalmente compreendida. Mesmo a criança que nasceu seriamente doente ou com lesões graves optará sempre, dentro de todas as suas possibilidades, pela vida.

A nossa criança, porém, dispõe de mais recursos; é o que se poderia chamar de uma criança "normal".

E a palavra "normalidade", tal como a usamos no presente contexto, consiste exatamente nisso: em poder superar, a cada momento, a tendência à inércia, à passividade.

Nossa criança pôde assumir a vida. A cada dia, novos desafios, novas vitórias, novas frustrações. Algum obstáculo é logo superado, o pôr-se em pé, manipular objetos, caminhar, etc., vão se dando como pequenas vitórias que constituem a vitória maior de ser uma *sobrevivente* ainda desde muito antes do nascimento, desde que *aquele* espermatozoide encontrou *aquele* óvulo. E sobreviver – isso também tem de aprender a criança precocemente – significa mobilizar estratégias contra os próprios *medos*. Cada obstáculo é compreendido como um *desafio* pessoal, uma chamada a estratégias de superação particulares[5].

O crescimento segue seu curso. Idas e vindas psíquicas e físicas fazem de cada dia uma aventura excitante. Com a família e amigos por coadjuvantes, nossa criança acaba por ter sucesso em seus empreendimentos, em alguns casos com mais e em outros com menos dificuldades.

As crises de crescimento se sucedem. A cada dia, novos desafios, novas possibilidades de fracasso e de sucesso, novas tensões, novas provas e novas gratificações por mais um dia sobrevivido.

Uma das melhores expressões dessa corajosa atitude de enfrentamento das múltiplas facetas da realidade é a conhecida "fase dos porquês", pela qual toda criança passa. O truncamento, a banalização ou o desencorajamento do sentido objetivo dessa fase, por parte dos adultos – que têm, muitas vezes, a capacidade de, em poucas palavras, esterilizar a sadia curiosidade infantil – conduz

---

5   Observe-se que crianças com lesões cerebrais que afetam o controle voluntário dos movimentos do corpo, se têm condições intelectuais para tanto, desenvolverão habilidades alternativas que lhe permitem assumir o máximo controle possível de si mesmas e de seu entorno; essas crianças provam ser, apesar de seus problemas, claramente saudáveis, na medida em que não se entregam à inércia e imobilidade, o que lhes seria "teoricamente" muito mais fácil.

geralmente àquilo que chamamos "a primeira possível morte da filosofia", conforme adiante veremos.

E é nesse constante e criativo atritar com o mundo que se evidencia a medula original da existência, aquilo que nós somos ao sermos humanos: a *temporalidade*.

3 – Temporalidade

Mais do que estarmos "imersos" no tempo, nossa existência é uma forma de existência da *temporalidade mesma*[6]. E não se trata de nenhuma reflexão para iniciados, a ideia que aqui sugerimos, mas de simples constatações cotidianas.

Pois, na verdade, observemos: nossos pulmões não são simples amontoados de alvéolos neutros, tais como aparecem em livros de anatomia: eles são órgãos vivos, eles são, em outras palavras, a *expectativa que o ar os invada*, eles apenas existem em função desta expectativa – sua existência consiste em *esperar ter tempo suficiente* para que o ar, que ainda não está neles, os penetre. A temporalidade é sua dimensão, neste sentido, mais *profunda* e *determinante*. Ela os define em sentido radical: pulmões que não sejam para as trocas gasosas do organismo são uma contradição em si mesmos. A temporalidade não é, assim, uma qualidade, mas é a existência propriamente dita, que se dá como

---

6   Neste livro, a diferença entre "tempo" e "temporalidade" é a seguinte: "tempo" se aproxima mais da noção "normal", física que temos dele, que vê a passagem das coisas e tenta medi-la com calendários e relógios. "Temporalidade", por outro lado, significa aquilo que empresta à noção de tempo seu sentido mais profundo, aquilo que escapa mesmo à medição do relógio mais preciso.

expectativa e cumprimento de expectativa, na quebra da "simultaneidade". Se fôssemos permanentemente nutridos, não teríamos estômagos e pulmões para receber os nutrientes necessários à vida. E *entre* ter pulmões e tê-los repletos de ar revigorante, por exemplo, distende-se o pulsar da existência: o seu *intervalo* próprio[7].

E assim cada parte de nosso organismo. O que é o estômago, senão a expectativa do alimento que *ainda* não está lá, ou o processo de recebê-lo? O que é a pele, senão a expectativa de entrar em contato com o ambiente externo, de suportar e exercer pressão sobre as superfícies e asperezas do mundo físico? O que são as mãos e os pés, senão a expectativa de apreender, tocar e andar? O que são os olhos, senão a expectativa de perceber a luz refletida nos objetos? E os ouvidos, senão a expectativa de as ondas sonoras chegarem até eles? Na verdade, nossa existência é a expressão de uma *temporalidade concreta*, para além – ou anterior – a quaisquer esquematismos que tentem simplesmente representá-la. As representações fixas de nossa existência em termos de uma unidade que não leve a sério a *temporalidade real* que nós somos tem tanto a ver com a vida propriamente dita quanto uma hora bem demarcada no relógio tem a ver com o tempo significativo e real experimentado pelos amantes, para quem a hora passada em comum não foi mais que um breve instante.

Acontece que nos acostumamos a pensar que de "real" só merecem ser chamadas as figurações rígidas da

---

7   Sobre a possibilidade de uma antropologia dos intervalos, cf. meu livro *O Tempo e a Máquina do Tempo*, p. 159 s.

realidade. Existiria um tempo "real", e a temporalidade vivida nada mais seria do que um tempo, na melhor das hipóteses, psicológico.

Basta porém uma observação mínima da pulsação da vida tal como ela realmente acontece para que tais representações rígidas venham abaixo.

Observemos a raiz de uma planta que cresce: o que é ela, senão a esperança de cumprir sua função, esperando ter tempo de se aprofundar tão incisivamente na terra que os nutrientes da planta sejam alcançados?

O que é um girino, senão a esperança de *ter tempo* em se transformar em rã, ou um filhote de pássaro, senão a expectativa de ter tempo de crescer um dia o suficiente para poder alçar voo? O que é o ovo recém-posto, senão a expectativa de poder, um dia, livrar de dentro de si o ser que ali se desenvolve?

O menor micróbio, a gigantesca araucária, a mais desprezível ameba, a enorme baleia – o que são primariamente, senão a *esperança viva de terem tempo de desenvolver suas funções vitais?* Para que pode servir a infinita complexidade do cérebro humano, senão para desenvolver, *no tempo*, suas potencialidades? O ser humano é primordialmente *projeto vivo no tempo*, e *não*, como se concebeu em determinadas épocas da história da filosofia, uma máquina pensante ou sensível. E a vida, considerada aqui em sua generalidade máxima, é seu desdobrar-se no tempo.

A temporalidade se configura, portanto, não no adereço intelectual de algum conceito ou conjunto de ideias, e sim – nos mais diferentes níveis considerados – na *forma propriamente dita de como a vida assume a si mesma, se expande, produz-se e se reproduz, dilata-se, pulsa e interage, vive e morre.*

* * *

Portanto, para nossa criança, o tempo não é um elemento a mais de que ela disponha a seu bel-prazer – mas é a *sua existência em desenvolvimento*. Ela, como ninguém, sabe disso; sua ansiedade por crescimento, a forma de como cada novo dia assume outro sabor, as conquistas e decepções diárias, são a forma visível desta existência que é temporalidade.

Certo dia, porém, chega nossa criança à adolescência. Não de chofre, mas numa intensificação de experiências, mudanças, sentidos, medos e ousadias. A dialética entre limites e superação de limites, entre obstáculos e o gosto de desafiá-los e superá-los, se expande ainda mais, em todos os sentidos e direções.

Mais uma vez, o que aí temos é um sentido de crise particularmente agudo. O ver-se compelido a abandonar referenciais antigos – por mais limitantes que esses possam parecer ao jovem impulsivo – e o assumir de referenciais novos e excitantes, esta situação de tensão expõe uma série de inseguranças que não podem ser propriamente antevistas, apenas vivenciadas. E vivenciadas com intensidade.

O adolescente é assim, antes de tudo, uma criatura *exposta*. Sabe, aprende, que seus referenciais de segurança são todos, sem exceção, relativos. Lança-se à aventura do crescimento consciente, por vezes de forma absolutamente temerária.

E essa exposição nada tem de leve. Estruturas diversas, massas de expectativas, coerções sociais e psicológicas, exigências das mais diversas ordens – tudo concorre para que a insegurança seja máxima. O adolescente é a pessoa em crise por excelência. Sua fragilidade não é constitucional propriamente, mas antes incidental; é lançado ao mundo da infinita variedade de exigências e estímulos sem que estes estejam de alguma forma já *antevistos*; terá de, propriamente, lidar com eles, experimentá-los ou evitá-los.

Ocorre então a enorme tentação da indiferenciação e da massificação. O indiferenciado é, muitas vezes, compreendido como a única possibilidade de sobreviver em meio às espantosas exigências e tentações do mundo, uma possibilidade de conforto e resguardo, mesmo com o sacrifício da excitação de grandes descobertas. A essa possibilidade se entregam muitos adolescentes. Apenas aqueles excepcionalmente inteligentes ou particularmente seguros emocionalmente conseguem desde já se afirmar em sua autonomia, ou seja, sobrenadar a consciência de uma enorme vulnerabilidade, não tendo outras armas para isso do que as energias que consegue mobilizar. Para a imensa maioria, ocorrerá na prática o que chamamos "a segunda possível morte da filosofia", conforme veremos adiante.

Em outros termos: de certo modo, faz parte da própria definição da adolescência a vontade imperiosa de "mudar o mundo". Somente algo muito poderoso consegue transformar essa atitude – muitas vezes "ingênua", mas, definitivamente, não neutra e repleta de energia construtiva – em uma atitude "neutra", indiferenciada, massificada e "inofensiva".

Digamos porém, por agora, que o adolescente conseguiu cumprir com a média das tarefas próprias da idade e da cultura em que vive. Atingirá, ainda que de forma lenta e não sem sobressaltos, um estágio de relativo equilíbrio que lhe franqueia o acesso social à vida adulta. Suas inquietações e impulsos não desapareceram, porém; permanecem latentes por sob as inúmeras camadas de aceitabilidade social com as quais o jovem se reveste, nos mais diferentes níveis[8].

As pressões socioculturais para que se estabeleça em termos "aceitáveis" no imenso mundo das complexidades sociais irão muitas vezes, porém, determinar um forte amortecimento em suas expectativas mais íntimas; para muitos, o assumir das responsabilidades da vida adulta corresponde ao relegar a segundo plano uma série de inquietações que bem traduzem o impulso original da vida, tal como havia sido experimentado anteriormente.

Na medida em que um tal amortecimento se transforma na forma corrente da nova vida – que passa a ser determinada pelo enorme volume de exigências e contingências sociais externas – estará configurada a já referida segunda possível "morte da filosofia".

---

8   Poder-se-ia perguntar se não estamos aqui descurando das fundamentais diferenças de classe social, determinantes no *locus* social a ser ocupado pelo jovem; nossa resposta é que, esteja no meio em que estiver, as exigências de interação com esse determinado meio se farão presentes; e é essa presença que nos interessa no momento.

Uma imensa potencialidade criativa é automatizada em termos, na melhor das hipóteses, de uma relação estímulo-resposta.

As energias latentes, todavia, permanecem disponíveis; e não é incomum que uma determinada pessoa, após longos períodos de *vida automática*, seja subitamente acordada de seu torpor por um fato suficientemente significativo ou crucial para sua própria existência: a perda de um parente ou outra pessoa querida, uma doença grave, um acidente incompreensível, ou mesmo uma situação crônica ou aguda de injustiça que se faça notar por ela de forma suficientemente incisiva, ou simplesmente o próprio envelhecimento e a proximidade da própria morte.

Na medida em que a pessoa – agora já bem mais madura em anos e experiências – souber reconsiderar os fatos desde uma perspectiva de inquietação radical, ela achou novamente um viés desde onde abordar a radicalidade da existência como um todo, o impulso filosófico original. No caso porém, bem mais comum, em que a pessoa volta a integrar tais experiências traumatizantes a um mundo interno onde cada fato – mesmo os acintosos e inexplicáveis – tem já o seu lugar, estará sendo negligenciada uma nova oportunidade (e, para muitas pessoas, a última oportunidade na vida) de reenfocar a realidade em toda sua grandeza. Temos aí a terceira – e provavelmente última – morte possível da filosofia.

2. A TENTAÇÃO DO ÓBVIO

*1 – O Filosofar Ameaçado de Morte – As Três Grandes
Ameaças*

Interessa-nos aqui examinar aquilo que indicamos como
sendo o *impulso* original do filosofar, presente em cada
indivíduo na medida em que significa exatamente a tentativa pertinaz de *tradução* da *crise* em que se constitui
sua própria vida – conforme visto anteriormente – e os
riscos que esse impulso, que podemos considerar *natural*
em cada pessoa, corre ao longo do desenvolvimento do
indivíduo. Examinemos aqui esses riscos nos termos que
temos chamado de "as três possíveis mortes da filosofia".

Se entendermos a filosofia, na sua origem, não como
um conjunto de técnicas intelectuais ou acúmulo de
categorias interpretativas, mas antes como uma *atitude*
radical de aprofundamento na própria vida e na existência

em suas infinitas dimensões – das quais a dimensão intelectual é apenas uma delas, embora uma das mais importantes e significativas –, não nos é difícil compreender o volume de riscos que uma tal atitude envolve. Ela significa fundamentalmente *questionar* os parâmetros *normais* – ou seja, balizados em normas determinadas socioculturalmente – que norteiam a vida média das pessoas. E tal atitude, por sua própria natureza, não pode permanecer no meio do caminho ou no meio termo: apenas a procura da radicalidade – das *raízes* – lhe interessa[1]. Gostaríamos de destacar aqui um fato que nos parece absolutamente decisivo: *a filosofia é, desde sua mais remota origem, completamente avessa à mediania*. Substituir a filosofia por um conjunto de técnicas previamente demarcadas de abordagem de aspectos da realidade também previamente demarcados significa simplesmente trair o sentido original do envolvimento com a realidade que o filosofar significa. A filosofia propriamente dita, desde seus impulsos primeiros, nunca se contentará com as ofertas de conciliação que possam por em risco seu sentido de busca, ou, em outras palavras, não existe filosofia "pela metade" – pois a filosofia é originalmente a integralidade da existência que se volta a si mesma, ou seja, uma atitude *integral* do indivíduo que busca pelas dimensões radicais do existir, por mais grandiosa que essa tarefa se

[1] É interessante observar como, também nesse caso, um termo foi historicamente investido de conotação negativa; "radical" – derivado do latim "radix", raiz – passa muitas vezes por agressivo, inconveniente, destrutivo, destruidor – quando, na verdade, seu sentido é, apenas: "ir à raiz (dos fatos, das situações, da realidade mesma)"

apresente na sua originalidade. A filosofia desenvolvida é um elaborado e consciente exercício de *fidelidade ao impulso original* do filosofar que está presente na vida de cada pessoa.

Na medida em que esse impulso do filosofar traduz dimensões do próprio viver individual, ele não está sujeito a determinações metodológicas prévias, mas é antes *origem* de toda determinação. O impulso original do filosofar é o núcleo da própria *existência refletida*. Ele não tem idade, nem sexo ou raça, ou nenhuma outra determinação secundária – pois habita já, de certa forma, o *respirar original* no qual a vida humana se constitui.

Substituir portanto o filosofar pelas técnicas que esse desenvolveu para tentar chegar mais profundamente à realidade – e chamar a esse ato de substituição, exatamente, "filosofar" – não significa senão substituir a filosofia mesma por sua caricatura, contentar-se com muito pouco, como alguém que se contentasse em ter como interlocutor não uma outra pessoa, mas um boneco de plástico: atitude ideal para quem não superou os medos mais primitivos e se contenta com seus próprios reflexos, na esperança de manter a realidade afastada de si. A essa forma de "filosofia" pálida, instrumental, receosa, pusilânime, eternamente preocupada em justificar seus medíocres passos, não cabe senão um qualificativo: a negação do mais original ato de inquietude em que o filosofar propriamente se constitui. Negar-se a isso significa, por sua vez: apostar na vida, e não na semimorte da neutralidade indiferenciada.

Primeira ameaça de morte do filosofar

Podemos certamente considerar que já uma pequena criança seja *pervadida* pela inquietação da existência – a qual se traduzirá, para ela, na inquietação pela realidade que ela percebe como significante e separada dela mesma. Evidentemente não se trata do estabelecimento de técnicas sofisticadas de abordagem da realidade que se verá nas grandes construções filosóficas da história, mas sim na manutenção de uma determinada chama de inquietação e curiosidade que fazem com que, para a criança normal, cada dia seja um repositório inédito de novidades, novidades não desacompanhadas de medos e inseguranças.

A forma de como as crianças de certa idade revelam essa inquietação traduz-se na conhecida fase dos "porquês". Não se trata apenas, como se poderia pensar, de um exercício interno de elaboração psicológica-intelectual de dados externos, mas de uma dialética de observações e apropriação de questões e respostas que traduz de forma notável as mais amadurecidas questões filosóficas dos grandes pensadores da história[2].

A criança tem, portanto, em semente, a curiosidade aguda que, devidamente alimentada e organizada, poderá se transformar no questionamento filosófico maduro. O mundo, para ela, não é monótono ou opaco, mas pleno de

---

2   Além disso, caso optássemos por uma explicação meramente psicológica para a interpretação dessa interessante fase da vida, ficaria em aberto exatamente a razão pela qual essa fase é necessária; e essa razão é justamente o reconhecimento original da variedade da existência que supera em muito a capacidade individual de reordenação de dados intelectuais.

sentidos que se propõem ao contato e à compreensão; cada dia é prenhe de novidades e de surpresas. *Nada é óbvio*: o admirar-se – origem da filosofia, para Aristóteles[3] – dirige-se à variedade infinita dos fatos, sentidos e coisas, os inumeráveis mistérios que espreitam por detrás de cada acontecimento, por mais corriqueiro que esse pareça ser.

Essa inquietação, essa necessidade premente de experimentar cada dimensão da realidade, é considerada geralmente sinal de saúde na criança. Não é por acaso que se desconfia da saúde física ou emocional de uma criança apática.

E, não obstante, tal curiosidade se reveste de uma considerável vulnerabilidade. Pois é muito fácil a alguém mais experiente – pelo motivo que for – tornar evidente à criança que sua curiosidade não é bem-vinda, ou não depõe a favor de sua aceitabilidade social. Aceitabilidade social que pressupõe, muitas vezes, a *domesticação* de uma inteligência inquieta, o amortecimento de energias criativas muito variadas.

Uma tal atitude repressora da inteligência infantil promulgará uma primeira possível morte do filosofar, ainda que filosofar em semente. As energias que poderiam ter sido utilizadas no crescimento dos saudáveis impulsos questionantes originais passam a ser investidos em formas de escamoteamento desses impulsos. A criança aprende que o excesso de energia (anteriormente entendido como sinal de saúde) pode ser "perigoso" e que "comportar-se" é a melhor forma, ou pelo menos a forma

---

3   Filósofo grego, 384-322 a. C.

mais fácil, de ser aceita. E há uma grande quantidade de fatores, que não cumpre listar aqui, que faz com que ela, muitas vezes, prefira essa saída mais fácil, ou *tenha que se contentar* com ela.

O convencionalismo social, o medo, a mediocridade ou outros elementos de várias ordens concorrem assim para que esse impulso vital primigênio – a curiosidade pela realidade – seja transformado em *inconveniência*. O filosofar em semente – expressão incisiva de vitalidade e saúde – sofre aí sua primeira grande ameaça, e ameaça mortal.

Segunda ameaça de morte do filosofar

As atribulações evolutivas da adolescência – tempo de contrastes, de açodamento de questões existenciais as mais diversas – configuram um especial momento para a emersão de profundas inquietações filosóficas. O adolescente é o ser em crise por excelência – entendendo-se *crise* no sentido atrás exposto. Nele, no seu mundo, convivem ameaças extremas e possibilidades também extremas. *O mundo é redescoberto*. Sua infinidade de sentidos assume novas figurações. É a época das profundidades e intensidades. Um tempo absolutamente especial: um tempo extremo. É o momento em que crises existenciais podem se tornar insuportáveis, levando o jovem a alternativas desesperadas; é o momento também em que aqueles que conseguem superar as contingências psicológicas ou sociais limitantes iniciam seu pleno desabrochar científico, literário, artístico, no caminho que conduz aos personagens realmente diferenciados das grandes e pequenas histórias.

Assim, a fidelidade a essa situação extrema na qual a adolescência propriamente se constitui traduz-se nos riscos e conquistas que muitos experimentam. Época com alta incidência de suicídios, a adolescência é também a época em que alguns especialmente favorecidos e bem-dotados chegaram já às suas certezas científicas, artísticas e filosóficas mais significativas. A tradução popular desse acúmulo energético é a famosa frase "a adolescência é a época em que queremos revolucionar o mundo". Todo adolescente quer revolucionar o mundo; é a sua forma de expressar a inconformidade com uma realidade que geralmente percebem apática e pouco significativa em muitos sentidos. A tradução dessa frase é: todo adolescente pretende imprimir no mundo a marca da vitalidade que o habita, a energia vital renovada que garante que o tempo da construção ética não acabou, a inconformidade com uma oferta de inércia e automatismo que contraria radicalmente as pulsões mais elementares da vida.

Nesse momento, porém, não se trata mais de crianças totalmente sujeitas à autoridade familiar, da tradição e da sociedade, mas de criaturas ousadas que dispõem de suficiente autonomia para assumirem o risco de empreender construções realmente novas e mesmo inusitadas.

Não é de se estranhar, portanto, que as forças de contenção social sejam fortemente mobilizadas a fim de evitar a mobilização de energias criativas excessivamente ousadas por esse grupo social. O adolescente, ser em crise marcante e potencialmente riquíssima, ser filosofante por natureza, tem logo atribuída à sua energia transbordante a pecha de "destrutiva" ou inconsequente. É convencido socialmente a assumir posturas grupais ou sociais que desemboquem em campos controláveis socialmente; para aqueles cuja inquietude não é apaziguada suficientemente por tais medidas, sobram a execração e o controle por parte de órgãos repressivos diversos.

Assim, o adolescente é "convidado" a adequar-se a normas que evitem que suas reais energias venham à luz, a não ser em campos previamente regulados. O adolescente é muitas vezes convencido que as questões e problemas que percebe e avalia como insuportáveis – em cuja solução gostaria de investir suas energias – não têm realidade própria, mas habitam apenas suas fantasias ou sua imaturidade individual. O processo de entrada na vida adulta consiste, para a imensa maioria dos adolescentes, geralmente nisso: em aceitar o fato de que, ao final de contas, vale mais a pena corresponder à massa de expectativas sociais do que em seguir as perigosas e ousadas trilhas de sua própria criatividade, onde sua individualidade e ousadia são continuamente postas à prova. Àqueles que resistem a essa sedutora oferta de conciliação – adequação às normas antes que questionamento do fundo humano desde o qual as normas são construídas – sobra a etiqueta de "desviantes", com a subsequente *patologização* social[4]. O questionamento profundo da realidade, semente filosófica por excelência, é reduzido a um status de relativa

---

4   Veja-se a esse respeito as ricas ideias de Michel Foucault, filósofo francês (1926-1984).

neutralidade, onde as energias são utilizadas antes na manutenção de revestimentos sociais aceitáveis do que no alimentar de sua vocação original de mergulhar a fundo no real em todas as suas dimensões.

Eis então o filosofar, enquanto atitude humana por excelência, incisivamente ameaçado de morte pela segunda vez.

Terceira ameaça de morte do filosofar

Os mecanismos de adequação social estabelecem muitas vezes padrões de comportamento que têm na reprodução de modelos sociais consagrados de comportamento sua sanção de segurança e validade. Na sociedade compreendida como um todo, em cada extrato será possível observar padrões de comportamento determinados que correspondem a determinado modelo de expectativa. Assim, entre os que têm acesso ao mundo do consumo, as estruturas correntes de trabalho, renda e gastos estabelecem a margem de segurança na qual o indivíduo se move. Seus melhores esforços corresponderão geralmente à conquista e manutenção de um espaço social reconhecido, o qual lhe fornecerá margem de manobra e onde poderá, por sua vez, desenvolver sentidos e expectativas que correspondam à sua ideia de crescimento individual. Um símbolo por excelência desse espaço social é, por exemplo, o número de identificação da carteira de identidade; a tal ponto esse número é necessário e significativo para o reconhecimento da especificidade social do indivíduo, que a maioria das pessoas tenderá a temer mais perder a carteira de identidade (que pode ser mal usada por outrem, etc.) do que a própria identidade psicológica.

No mundo das pessoas alijadas do ciclo do consumo, os referenciais assumem outra feição. Não obstante pertencerem ao mesmo todo social de determinação, sua vida gerará não em torno da questão da manutenção e do aumento do potencial de consumo, mas em torno à questão da própria sobrevivência. O seu universo de referências não terá grandes variações; corresponderá geralmente a expectativas e estratégias de superação do estado limítrofe em que se encontram, através de esforços individuais diuturnos. Cada dia é um obstáculo a ser vencido; cada dia vivido, ainda que nos limites da dignidade, é uma dimensão de sobrevivência conquistada.

Em um como em outro caso, o sentido do existir se desenrola de forma aproximadamente *automática*; existir corresponde, simplesmente, a sobreviver no conjunto de contingências – mais fáceis ou mais difíceis – que constituem suas referências de sentido. Em um como em outro caso, o mundo parece ser *grande demais* para que seu sentido maior possa ser investigado. Em ambos os casos, o pensamento tende a ser programado, "pragmatizado" em função das tarefas do dia a dia. As saídas da rotina automática são limitadas e altamente valorizadas. O mundo é compreendido como um espaço de coerção, e o sonho de uns e de outros é escapar a essa estrutura de coerção, através do lazer ou de uma vida que prescinda de referenciais sociais coercitivos, luxo que apenas os muito ricos podem se permitir. O trabalho, alienado no sentido de

Karl Marx[5], não é compreendido e vivido como dimensão eminente de empreendimento ou realização individual ou social, mas como simples estrutura de opressão, carga, "tripalium" – de onde deriva nossa palavra "trabalho".

Assim, o indivíduo, assoberbado pelas tarefas do dia a dia, dificilmente conseguirá mobilizar as energias necessárias para questionar a fundo o sentido de sua própria existência e os rumos que ela toma. Ocorre um excesso de fatores que tendem a constrangê-lo no sentido do que temos chamado "automatismo" da vida. Tende a perceber-se como engrenagem de uma imensa máquina da qual, embora o envolva por todos os lados, não se pode conhecer nem o início nem o fim, como o Charles Chaplin do filme *Tempos Modernos*.

Não obstante, certos fatos podem vir a refrear esse automatismo. Uma doença grave, por exemplo; subitamente, o indivíduo se vê confrontado com questões fundamentais da própria existência à qual pouca ou nenhuma importância dava em sua rotina, porque pouca ou nenhuma importância tinham para essa rotina. A doença grave, enquanto crise vital, confronta a pessoa com seus próprios limites, e estabelece uma situação de decisão entre sucumbir à crise ou superá-la, sem terceira alternativa – conforme teremos oportunidade de examinar no próximo capítulo.

E, mesmo, assim, é possível ser engolfado por uma crise de tal natureza sem que a existência como um todo seja colocada em questão como um problema radical da

---

5 Filósofo alemão, 1818-1883.

existência individual. A mesma pessoa que tendia a se ver, em uma situação de "normalidade", como objeto de forças de tal magnitude que sua mera compreensão já era inviável *a priori*, agora corre a tentação de reproduzir a mesma atitude com relação à "situação-limite", no sentido do filósofo Karl Jaspers[6], que está vivenciando.

Caso tal atitude de fatalismo seja realmente assumida, a oportunidade de uma reconsideração radical do sentido do próprio existir estará sendo mais uma vez negligenciada. Teremos ainda, por ocasião de mais uma oportunidade privilegiada para um profícuo impulso do filosofar consequente (talvez a última na vida do indivíduo), o escamotear de uma urgência: a urgência da indagação e da busca ou construção de um sentido para o existir. Uma terceira – e provavelmente definitiva – ameaça de morte do filosofar está em curso.

2 – Entre Vida e Morte

Inúmeras são as oportunidades que a vida oferece a quem se disponha a nela mergulhar pela via da consideração profunda de seu sentido – *pois a vida é já essa oportunidade propriamente dita e considerada*. Muitas são também, todavia, as oportunidades de que essas situações não sejam aproveitadas, por motivos voluntários ou involuntários. O impulso natural da vida consciente, de dobrar-se sobre si mesma no encalço do seu sentido mais profundo e significativo, é geralmente soterrado por uma massa

---

6   Filósofo alemão, representante da chamada "filosofia existencial" (1883-1969).

de circunstâncias que determina que tal energia questionante se difunda por parcialidades diversas, mais ou menos significativas, o que acaba por fazer com que o *essencial* seja constantemente adiado em nome de premências maiores.

Nesse capítulo, destacamos três momentos especialmente favoráveis para que o impulso vital do filosofar seja convenientemente alimentado, e três ameaças a esses momentos, ameaças especialmente poderosas, em contracorrente ao fluxo da própria vida.

Há alternativas, porém. Existe a possibilidade de que tais oportunidades sejam aproveitadas: essa possibilidade tornada realidade é, independentemente do momento em que ocorre, a própria *origem* da filosofia.

No próximo capítulo iremos sugerir modos de como as energias vitais, potenciais energias filosóficas, podem vir a ser inicialmente aproveitadas. A tensão entre a crise e a crítica ocupará o centro de nossas reflexões.

3. A DESCONSTRUÇÃO DO ÓBVIO E O INÍCIO DA FILOSOFIA

1 – A Crise do Sentido

A filosofia, qualquer que seja, pressupõe uma situação de *crise de sentido* da realidade. Sem crise do sentido, o mundo inteiro, nas suas mais diversas dimensões e aspectos, encontra-se desde sempre como que "explicado" – ou sua explicação definitiva consiste precisamente em não ter explicação nenhuma. Em um como em outro caso, o que se tem é uma situação estática, fechada, sufocada em si mesma, sem questionamento algum: uma *totalidade fechada de sentido*, tal como temos usado essa expressão[1]:

---

[1] Cf. meu livro *Totalidade & Desagregação – Sobre as Fronteiras do Pensamento e Suas Alternativas.*

sem frestas, sem o respirar de uma temporalidade renovadora para além do maciço e do opaco, do opressivo e automático dia a dia. Vida *amortecida*, talvez semivida.

A crise de sentido introduzirá nessa totalidade opressiva um crivo de imprevisíveis consequências. E o filosofar consiste, em sua primeira dimensão, no aproveitamento consciente desse crivo.

Mas a crise de sentido não irrompe com a suavidade de uma aurora de verão no campo de nossa percepção; muito mais, trata-se de uma *ameaça* – uma ameaça, por exemplo, que a aurora esperada *não acontecerá*. Ou seja, uma ameaça – ou um fato corroborado – que interrompe a lógica de nossa vida organizada, não no sentido de uma pausa regeneradora, mas enquanto um abrupto *obstáculo* ao seu desenrolar – um *trauma* propriamente dito

Vejamos, a seguir, uma metáfora ilustrativa introdutória ao tema da crise e sua transformação em crítica filosófica. Neste exemplo, porém, não se trata de uma situação de crise epistemológica ou ética, mas, poderíamos dizer, trata-se de uma situação de crise *existencial*.

2 – Uma Metáfora

Uma determinada pessoa até certo ponto comum, um homem de meia idade e classe abastada em termos sócio-econômicos, tem sua vida decorrendo normalmente. Nasceu, cresceu, chegando à idade adulta. Passou por todas as crises atrás referidas com sucesso do ponto de vista do desenvolvimento individual. Atingiu, superando as dificuldades dos diversos estágios de desenvolvimento, uma situação de relativo equilíbrio. Considera sua vida até agora – contabilizados todos os aspectos – exitosa. Além disso, apresenta performances profissionais muito acima da média, sendo muito requisitado em sua área de atuação.

Tal pessoa sente-se satisfeita com o equilíbrio que conseguiu atingir. Sem grandes sobressaltos, sua vida segue um ritmo tranquilo, onde cada dia é vivido com relativa calma. As conquistas vão se sucedendo, ele se compraz consigo mesmo e com seu amplo círculo de familiares e amigos. Sabe valorizar os pequenos prazeres que a vida oferece. Cultiva as requintadas tradições da família. Procura manter, em cada situação, um pressuposto de dignidade. Esforça-se por uma boa relação com a esposa e esmera-se na educação dos filhos. Interessa-se pelo mundo em seus diversos aspectos; não tem, todavia, chances de desenvolver todos os seus variados talentos, já que o trabalho, o trabalho de um talento em especial – o musical – o absorve muito; nosso personagem é um grande pianista. Não é uma pessoa indiferente ao grande mundo, mas não dispõe de energias extras para abordá-lo com a intensidade que gostaria. Consegue, por outro lado, com a maturidade que já atingiu, manter à distância segura as tempestades do mundo e concentrar-se em seu próprio desenvolvimento.

Nos mais variados sentidos, pode-se considerar, assim, uma pessoa bem-sucedida. Conseguiu enfrentar com sucesso a maioria dos obstáculos que o mundo interpõe na vida de cada um, aproveitando bem as oportunidades que sua situação social e proveniência familiar lhe franquearam. Sua vida se encontra bem encaminhada. Sua expectativa se desenha, agora, na forma de um envelhecimento tranquilo, onde poderá, cercado pelos netos que virão, gozar dos prazeres a que se furtou devido ao trabalho árduo e às imensas exigências profissionais e familiares. O tempo, decorrendo de forma suave, lembra antes uma sucessão contínua de espaços controláveis a serem ocupados uns após os outros, sem surpresas excessivas, sem descontinuidades abruptas. A crise em que se configurou o nascimento de nosso personagem, no sentido anteriormente descrito – bem como as inúmeras crises que se sucederam – vieram finalmente a contribuir para que um vasto painel de expectativas e realizações se conformasse. Essa pessoa, se perguntada no que consistiria, para ela, o decorrer do tempo, talvez respondesse: uma ampla sucessão de instantes conectados uns aos outros, instantes plenos de sentido que constroem uma grande cadeia de sentido onde o inesperado tem pouca presença.

Nada se constitui, em princípio, em uma ameaça a esse conjunto de expectativas. Ele não tem nenhum motivo palpável para julgar que esse ritmo previsto seja interrompido por alguma circunstância imprevista.

E, todavia, uma situação inusitada se interpõe subitamente entre ele e seus planos. Estamos em 1915. Nosso personagem é mobilizado para lutar na frente austríaca da Primeira Guerra Mundial. Durante uma batalha, é gravemente ferido; a tentativa de salvar sua vida culmina na amputação de seu braço direito.

Após um período de choque no hospital, reinicia propriamente a vida de nosso personagem. Agora é hora de vivenciar propriamente os enormes e variados traumas físicos e psíquicos sofridos.

Para além da dor, do medo, da surpresa e de todo o corolário de situações ameaçadoras vividas, facilmente concebíveis, destaquemos aqui alguns dados decisivos apenas. Ocorreu, após a amputação do braço, uma lesão profunda da autoimagem do personagem. Ao tentar conceber sua nova figura em pensamento, e ao se olhar no espelho, ele não mais se reconhecerá propriamente; terá de reconstruir a sua própria figura para si mesmo, o que significa: construir uma *nova* figura. *Todo um universo de sentido autoperceptivo, visual e sinestésico,* um universo de sentido "óbvio" desde sua infância, *entrou radicalmente em crise.*

Nosso personagem foi trazido de forma extremamente violenta e inesperada ao lado mais radical e sombrio do tempo. É necessário que destaquemos aqui um fato determinante para todas as nossas reflexões posteriores: uma vez acontecido o acidente, *nada fará com que ele não tenha ocorrido.* A temporalidade, que parecia domesticada na cadência controlável do dia a dia sem grandes surpresas, nas agendas bem organizadas e bem cumpridas, agora irrompe na vida de nosso personagem de uma forma absolutamente abrupta e selvagem. Em um curo momento, em um momento vital extremamente intenso, dá-se a percepção da realidade: *há um rompimento definitivo nos elos da cadeia que pretendiam unir o presente ao futuro.* A sucessão de instantes em sequência automática – cada instante seguindo o outro e preparando um outro – foi definitivamente quebrada. A expectativa de um determinado futuro, que ao nosso personagem parecia tão real e palpável *na retrovisão do passado*, provou, pela intensidade do trauma, ser uma simples projeção de seus desejos. O futuro, que nada mais parecia ser senão o desdobramento do que o passado já havia determinado, de repente como que assume agressivamente *vida própria*, e exige presença no campo da realidade. Sua vida não é, nesse primeiro momento, sua vida, mas o que *sobrou de sua vida anterior*.

A crise, porém, avança como que *para muito além* dos limites do universo mental de nosso personagem. É como se estivesse ocorrendo uma profunda subversão do tempo e do espaço, enquanto esses se constituem em parâmetros "objetivos" possíveis. O "sentido" da realidade, que parecia sempre presente ao cotidiano, embora não pensado nem visível, como que se retira e deixa em seu lugar apenas um *vácuo*, uma espécie de estranha *abertura*, um imenso palco sem cenário nem atores, sem nenhuma possibilidade natural de mera reconstrução.

Qual a tradução desse vácuo na vida do personagem? A própria forma de se relacionar consigo mesmo muda radicalmente: terá de fazer com uma só mão o que fazia com as duas. Isso não significa uma mera modificação incidental na sua forma de agir, mas uma profunda transformação na estrutura de seu sentido de realidade mesmo, de seu "corpo próprio" no sentido de Maurice Merleau-Ponty[2]. *A ausência de seu antigo braço não significa apenas a ausência de uma sua parte "física" muito importante; ela significa a ausência traumática, abrupta e incontornável, de toda uma vasta dimensão de seu antigo universo familiar de*

---

2   Filósofo francês, 1908-1961.

sentido. E no seu caso, enquanto pianista, essa dimensão é multiplicada.

A nova vida de nosso personagem, analisada em uma perspectiva profunda, não significará portanto algum tipo de "adaptação" a uma nova fase e a uma nova forma de vida, mas um verdadeiro *"começar de novo"*.

Antes de chegarmos a esse ponto, porém, temos de destacar algumas características fundamentais do tempo que se aproxima, este *novo tempo.*

Nosso personagem está disposto, após enormes esforços e dificuldades, a enfrentar a nova situação existencial na qual se encontra. Antes, porém, terá de vivenciar sua presente crise *até seus limites*; caso contrário, permanecerá ainda psicologicamente dependente de sua antiga forma de vida e de seu antigo corpo.

Esse "vivenciar da crise até seus limites" significa, em outras palavras, ser obrigado a questionar de forma aguda, radical o próprio sentido do existir. Aos olhos de nosso personagem, é provável que tal indagação assuma a seguinte forma: "por que, por qual razão, aconteceu tal infortúnio exatamente comigo, e não com meu vizinho, que trata sua família tão mal, ou com determinado político corrupto, ou...". Esta questão, porém, não pára por aí. Ela conduz a questões de princípio: "porque há algo e não apenas nada?" – "O que o são a vida e a morte?" – "Por que não me suicido agora?"[3] Aquele

---

3 Conhecemos a famosa expressão de Albert Camus, quando diz que só há um problema filosófico radical: "suicido-me, ou não me suicido". Se me suicido, todos meus problemas acabarão junto com o meu mundo; se não me suicido, escolho a vida, com tudo o que isso significa.

sentido, aquela pergunta pelo sentido, por assim dizer "pressuposta" mas suavemente ausente no decorrer de sua vida corriqueira, agora se ausenta *sem explicações*. *Abre espaço ao seu inverso, à claridade da qual ela representava a obscuridade: radicais questionamentos de sentido.* Eis aí a filosofia *in statu nascendi*, o início da atitude filosófica. A atitude filosófica não nasce de um momento de diletantismo, mas de uma crise profunda que emerge desde nossa interioridade e nos obriga, até mesmo com certa violência, a rever todos os parâmetros aos quais nossa realidade até então se referia.

* * *

O exemplo acima descrito não é arbitrário ou inventado; ele traduz em boa medida as condições em que decorreu a vida do grande pianista Paul Wittgenstein, irmão do filósofo Ludwig Wittgenstein, que perdeu o braço direito na Primeira Guerra Mundial. Em homenagem a ele foram compostas algumas obras-primas, como o *Concerto para a Mão Esquerda* de Maurice Ravel.

3 – Da Existência à Reflexão – A Desconstrução do Óbvio e o Início do Filosofar

"Que terrível! Qual filosofia poderá ajudar a superar um fato desse gênero?" – Ludwig Wittgenstein, ao saber da mutilação de seu irmão pianista[4]

---

4   Apud R. Monk, *Wittgenstein – O Dever do Gênio – Uma Biografia,* p. 137.

Nosso exemplo moveu-se em uma moldura aparentemente bastante estreita: a vida "particular" de uma determinada pessoa. Não foi estabelecida a priori uma rede de socialidade que nos permitisse, a rigor, compreender plenamente sua situação sócio-histórica prévia. Sabemos, porém, que, em sendo o ser humano um ser primariamente *de relações*, a concepção de uma pessoa isolada de seu contexto histórico e social não passa de uma ficção: desde sempre, somos *nossa circunstância*, como diria Ortega y Gasset[5].

Toda a situação acima proposta, portanto, deu-se não só *em* um determinado meio sociohistórico, mas *devido* às contingências específicas vividas nesse meio, ou seja, nessa específica situação histórica e social; como vimos, o artista perde o braço ao lutar como soldado numa guerra do qual ele não fora nem o incentivador nem o teórico; e, não obstante, a guerra o abarca e devasta não apenas em um sentido social e afetivo, mas no mais direto sentido físico: ela o *mutila*.

É essa mutilação que, no presente contexto, queremos destacar. Ela significa a origem ou o aguçar de uma crise extrema, o verdadeiro epicentro de um terremoto, um terremoto *existencial*. Ao sofrer a mutilação, a pessoa perdeu toda e qualquer possibilidade de considerar sua existência pessoal, seu persistir na existência ao longo dos dias, meses e anos, como uma estrutura automática ou a expressão de uma obviedade. Sua existência "particular", seu viver e seu sobreviver, foram postos absolutamente em questão,

---

5 Filósofo espanhol, 1883-1955.

e isso desde um ponto de vista extremamente próximo, físico, corporal, até um ponto de vista de uma extrema amplitude, que abrange tanto em termos "horizontais" (geográficos) como "verticais" (históricos) a vastidão de um modelo civilizatório – no caso, a Europa e o mundo dela dependente ou sob seus efeitos em 1914. O dilaceramento de seu corpo particular, pequeno, significa ainda muito mais do que à primeira vista, muitas estruturas de compreensão; uma pessoa, armada com o que de mais nobre se tem construído na cultura ocidental, com sua imensa herança cultural, científica, filosófica, artística[6], essa pessoa posta-se em um *front* contra outros povos igualmente bem educados, repositórios igualmente do saber universal. E o que se estabelece não é um diálogo amistoso ou erudito, um respeitoso encontro entre irmãos, mas sim uma *luta de vida e morte*; e a perda do braço – como a perda de milhões de vidas, crenças e esperanças, a mutilação de infinitos sonhos, é um *resultado dessa luta*.

Em outras palavras, essa luta é a realidade original no contexto em questão. Não os infinitos acervos culturais do ocidente, não as milhares de bibliotecas já escritas, os museus, os avanços tecnológicos, as sutilezas culturais – mas o fato agressivo, bruto, original, de que está-se desenrolando uma guerra, uma luta que fará com que *todo o passado*, todas as justificativas e explicações, recuem para outro plano. Nesse momento, o passado não é sua figura na mente das pessoas, *mas o que se dá em uma luta de vida e morte,* assim como o futuro não é uma decorrência lógica

---

6   Cf. as interessantes obras de A. Janik e S. Toulmin, *A Viena de Wittgenstein,* e de C.E. Schorske, *Viena Fin-de-siècle – Política e Cultura.*

do presente, mas um matar ou morrer. Por sua vez, o presente, o mundo em que se tenta sobreviver, não são as leis (no estado de guerra, quem cumpre leis geralmente morre), os estatutos, os tratados, as complicadas construções sociopolíticas, as sutilezas intelectuais, mas o *factum* absolutamente bruto de que se mata e morre: uma existência que vive e morre, que morre se não matar, trazendo de forma candente à visão a famosa frase de Emmanuel Levinas: "A lucidez – abertura de espírito ao verdadeiro – não consiste em entrever a possibilidade permanente da guerra?"[7].

A questão que agora se coloca é: existirá ainda a possibilidade da sobrevivência? O que ela pode significar?

No fragor da guerra, dão-se os *fatos iniciais*. Eles não são, porém, suficientes. São apenas iniciais.

O que determina que não permaneçam apenas fatos inicias, abortados, sem sentido além do sentido da realidade extrema que eles representaram: a realidade da destruição?

Temos aqui a reentrada de um elemento fundamental: *a temporalidade*. É a temporalidade que rompe com a extrema concentração do instante em si mesmo. Mesmo um cenário devastado, repleto de ruínas e cadáveres, está pervadido pelo tempo. Mundos ruíram, símbolos desapareceram, mas o calor da terra segue seu fluxo: a paisagem se alterará já a curto prazo, ainda que nenhum ser humano intervenha. A temporalidade como que desdobra a morte que impera no campo de batalha devastado para além dela

---

7   *Totalidade e Infinito – Ensaio sobre a Exterioridade*, p. 9.

mesma. *A morte, pelo tempo, não é apenas ela.* Ela indica algo para além dela, diríamos: um *outro* possível.

Esse outro possível, porém, não é de fácil inteligibilidade. Conectado ainda de certo modo ao passado, não tem grandes ilusões quanto ao passado – assim como nosso personagem não tem ilusões de que sua vida se modificou *definitivamente.*

Em outros termos, foi rompida a lógica do passado – a lógica da obviedade autorreferente, automática, na qual não era necessário pensar, porque o próprio pensamento se subsumia na solidez de seus sonhos e de suas realizações materiais.

E o *rompimento da obviedade* é condição absolutamente indispensável para o início da filosofia – ainda que esse rompimento se dê de forma abrupta, sob a forma de uma devastadora *crise de sentido. Pois sem crise de sentido não há filosofia*, apenas reiteração de estruturas prévias. Em termos intelectuais, podemos falar que a filosofia nasce por uma *desconstrução inicial das estruturas automáticas da vida*, ou seja*, de sua obviedade.* Para a criança, para o jovem, para o filósofo de qualquer idade, nada há de automático na vida, nada é estático, óbvio. Cada coisa está penetrada de infinitos mistérios, e esses não se reduzem ao que, em certos momentos, deles podemos perceber. No início – também da filosofia – tudo é mistério.

Esse mistério começa a ser respeitado em toda sua riqueza quando as estruturas que tentam traduzi-lo para uma lógica rígida qualquer – o automatismo e a obviedade – passam a ser questionadas em toda a sua radicalidade.

No próximo capítulo, examinaremos de mais perto a passagem que nos parece decisiva em todo esse contexto de iniciação ao filosofar, e que bem indica o questionamento acima referido: a árdua transição da crise existencial – que é também uma crise sociohistórica, ambiental, de cultura, valores e referências – à crítica filosófica, a posição construtiva da reflexão.

4. DA CRISE À CRÍTICA –
O NASCIMENTO DA FILOSOFIA

*Não existe evolução nem avanço que não
sejam destruidores, ao menos em seus
momentos de intensidade.*

Emil Cioran[1]

1 – Crise e Crítica

Como a palavra "Crise", também a palavra "Crítica" está, no linguajar comum, carregada de "maus" sentidos; significaria a potenciação de uma destrutividade, a destruição de convicções, dados culturais ou intelectuais. A expressão agressiva "crítica arrasadora" bem traduz esse espírito.

---

1   Escritor romeno, 1911-1995.

Mas como no caso da palavra Crise, tal como examinamos no Capítulo 1, a palavra Crítica assume nesse contexto um sentido completamente diferente.

Crítica significa, para nós, *a mobilização e efetivação das forças criadoras e transformadoras que habitam o núcleo da Crise*. Em outras palavras, seu momento radicalmente *construtivo*.

A seguir, tentaremos explicitar, em termos algo mais "práticos", de que forma entendemos ser possível essa mobilização de forças criadoras.

2 – O Mergulho nas Estruturas da Realidade e o Esforço Pela Sua Compreensão: O Início da Filosofia

Examinemos, para além de nossa metáfora, as reais circunstâncias nas quais, entendemos, a profunda Crise existencial/civilizatória, vivida por uma pessoa individual, uma comunidade ou mesmo um modelo civilizatório, pode se transformar em Crítica filosófica.

Estamos, não obstante todas as aparências em contrário, em uma situação potencialmente muito fecunda. Compreendemos que de uma situação existencial, particular – consubstanciada em um *drama* particular – muito se pode derivar.

Partimos, em nossa metáfora, de uma situação de extrema particularidade: um drama existencial particular, circunscrito, perdido em meio ao oceano de morte e destruição que significou a Primeira Guerra Mundial.

Qual seria a tendência da "razão moderada", aquela que não ousa tentar pensar o que ainda não controla?

Seria, provavelmente, fechar-se em torno aos seus condicionantes imediatamente perceptíveis; seria acreditar – ou procurar firmemente acreditar – que a racionalidade do acontecido fechou-se em torno ao próprio acontecido – afinal, muitos soldados foram à guerra, lutaram, e voltaram relativamente ilesos, ou pelo menos não tão visivelmente mutilados. Talvez se deva a mutilação à imperícia desse soldado particular, e não a um contexto maior, no qual foi como que "devorado", violentado – como o desempregado que acha que a exclusiva culpa pelo seu desemprego é a sua impossibilidade particular de desenvolver alguma habilidade especial, sem se dar conta que uma entidade social da grandeza dessa – "desemprego", enquanto indicativo econômico-social amplo – jamais estará circunscrita a uma pessoa ou contexto particular, mas abrange o todo da malha social e indica para muito além de si mesmo.

Empregando a linguagem até aqui utilizada, poderíamos dizer: estamos plenamente nos domínios do óbvio. Pois não é óbvio que há grandes chances de que um soldado que vá lutar na guerra venha a morrer ou ficar gravemente mutilado? Não é óbvio que qualquer erro dará a chance ao inimigo? Não é óbvio que isso faz parte do *jogo mortal* da própria guerra?

Essa racionalidade, porém, é extremamente fraca, indigente. Ainda os mais iletrados soldados norte-americanos que foram compulsoriamente enviados para lutar na Guerra do Vietnam logo perceberam que "alguma coisa não estava bem contada" – no mais tardar, quando perceberam a espantosa desproporção entre soldados negros e brancos naquela situação. E mesmo os idealistas que escolheram nessa guerra lutar (como aliás muito da juventude europeia na Primeira Guerra Mundial) logo perceberam que havia ali, para além do que se poderia esperar, não grandeza de qualquer espécie, mas insanidade e morte travestidas de heroísmo[2].

Portanto, na circunscrição das inúmeras obviedades que se interpenetravam e se sobrepunham – *que* havia uma guerra, *que* era necessário lutar nessa guerra, *que* essa guerra poderia significar heroísmo, *que* os adversários eram criaturas inumanas merecedoras tão somente da morte – irrompe uma determinada *crise de convicção*. Ela se dá quando ocorre a algum dos envolvidos na situação que talvez esse constructo de obviedades seja simplesmente *falso* – o que, em termos algo mais técnicos, poderia significar: esse constructo, dado por "natural" e inelutável, não consegue explanar as razões de sua legitimidade (razões, bem entendido, que não sejam simples derivativos de *sua* própria autolegitimação).

Pois os envolvidos não estão lidando com figurações da realidade, mas com a *realidade mesma*, a realidade da *vida* e da *morte*. Na guerra, em meio a tiros e bombas, o conceito de vida não tem o mesmo peso que a vida propriamente dita! Aqui não se dão argumentos, mas a realidade pura.

2   Alguns grandes filmes souberam traduzir com grande riqueza esse estado de alma de personagens e grupos; sejam, entre muitos outros, citados o filme alemão *A Ponte* e os filmes norte-americanos *Apocalipse Now, Nascido a 4 de Julho* e *Platoon,* todos com referência à Segunda Guerra Mundial.

E essa realidade em estado "puro", definitivo, conduz ao questionamento radical dos automatismos da vida. Nada mais é automático; a temporalidade reaparece em grande estilo, agora sob a forma de uma tensa cadeia de instantes absolutamente *decisivos*: cada instante é aquele em que será decidido se permanecerei na vida ou mergulharei na morte. E toda a minha esperança é essa: espero *ter tempo* para sobreviver.

3 – A Filosofia Como Questionamento Radical da Obviedade

Com recurso a essas construções metafóricas – mas nem por isso irreais – chegamos à possibilidade de compreensão do que significa a filosofia enquanto expressão de vida e criatividade.

A filosofia, o filosofar enquanto atividade, *significa assim, em linhas gerais e profundas, o questionamento radical da obviedade das estruturas que se pretendem substituir à vida.*

O "óbvio" pretende ocupar, como que automaticamente – portanto irrefletidamente – todos os espaços do real. Mas a vida é mais do que as figurações que dela podemos fazer, assim como a matemática é mais que um conjunto de fórmulas, a história mais que um conjunto de datas e a música mais que um conjunto de sons. Assim como a fotografia de uma cidade é exatamente isso: a fotografia de uma cidade, e não a cidade mesma, as ideias e concepções que temos da realidade são exatamente isso: ideias e concepções de realidade, e não a realidade propriamente dita em suas infinitas variedades e manifestações.

E a filosofia consiste, em boa medida, *em preservar esse fato com lucidez, sem abandonar-se aos sonhos de grandeza do logos objetificante*, que gostaria de transformar o espectro total da realidade em uma *fórmula* total – o desastroso sonho da modernidade, a *mathesis universalis* a ser encontrada, à qual toda relatividade tinha de ser sacrificada. Considerar que uma determinada realidade percebida *é* a realidade propriamente dita, tentar justificar isso com a ideia do óbvio – é óbvio que existe o que eu vejo, por exemplo – essa ideia será profundamente abalada no mais tardar quando, no deserto, nos depararmos com uma miragem – que eu vejo que está lá, porém não existe.

Todavia, é sempre notável perceber o quanto vivemos delegando a racionalidades alheias aquilo que a rigor deveria depender de nossa capacidade de julgamento.

Ao questionamento de minhas circunstâncias particulares de realidade – ao questionamento dessas circunstâncias como as únicas possíveis, ou seja, ao questionamento de sua obviedade – está condicionada a inauguração de minha postura como filósofo, ou seja, com a responsabilidade social que se refere a essa ocupação, que não é mais, a rigor, que a do intelectual como tal; o filósofo é o cientista que se preocupa continuamente em *evitar que a inércia do pensamento ocupe o lugar do próprio pensamento*.

Assim, é condição fundamental para toda atividade filosofante que as estruturas de obviedade de qualquer aspecto da realidade sejam avaliadas, decompostas em seus verdadeiros constitutivos, melhor: *desconstruídas*, desarticuladas em sua pretensão de totalidade. Quando descobrimos que até mesmo a mais elementar das fórmulas lógicas – por exemplo "a=b" – não significa a neutralidade que sua aparência inofensiva sugere, e sim, como disse Jacques Derrida[3] certa vez, "uma hierarquia e a ordem de uma subordinação", então descobrimos também que nada há no nosso campo de percepção que não seja potencialmente alvo de nossa atenção filosófica; e que nossa função, enquanto filósofo, é levar essa infinidade de estímulos a sério.

4 – *Filosofia Como Crítica da Realidade*

Podemos agora, finalmente, propor uma estrutura de compreensão daquilo em que, segundo nossa compreensão, consiste propriamente o filosofar. Falamos de "estrutura de compreensão", e não de "definição": queremos evitar circunscrições excessivamente rápidas, conceitos aos quais a coisa tivesse de ser subserviente. Pois aprendemos com Theodor Adorno[4] que cada conceito que não retorna à realidade, mas pensa que "resolveu" o problema da realidade que pretende exprimir, abdica de sua validade intelectual e torna-se violência.

O modelo que propomos apresenta-se da seguinte forma: *a filosofia consiste, em suas linhas gerais e determinantes, na crítica da realidade, crítica que se dirige em todos os sentidos, inclusive em relação a si mesma, como autocrítica.*

3   Filósofo francês, nascido na Argélia em 1930.
4   Filósofo alemão, 1903-1969. Um dos membros mais importantes da chamada "Escola de Frankfurt".

Tentemos elucidar essa proposição. "A filosofia consiste em suas linhas gerais e determinantes" – com isso queremos expressar que não estamos, aqui, a tratar com sutilezas retóricas ou aspectos particulares de um grande corpo de ideias, mas antes com aquilo que consideramos seja o cerne propriamente dito tanto da atividade do filosofar como da filosofia enquanto resultado da mobilização de nossas melhores forças racionais.

"Crítica da realidade" – com essa expressão retornamos ao cerne de nossa argumentação. Implícita está a ideia já trabalhada de "desconstrução da obviedade". Significa o resultado da árdua transformação da "crise" – origem de toda inquietação e procura – em "crítica" – por nós entendida como sendo a *positivação* da potência negativa da crise, origem de toda inquietação e da própria vida.

"Realidade". O que pode, nesse contexto, significar essa palavra tão carregada em todos os sentidos? Uma resposta provisória é suficiente nesse momento: "realidade" é aquilo que é *percebido como real* por quem pensa, mesmo por quem faz a pergunta pela realidade; é aquilo "que interessa". Uma teoria da realidade pressupõe já, de certa forma, uma determinada concepção de realidade. Mas, aqui, realidade significa: aquilo que julgo corresponder às minhas expectativas de que o mundo não seja uma mera ilusão.

"Que se dirige em todos os sentidos". Os sentidos são infinitos, porque a realidade, seja em que concepção for tomada, é infinitamente rica e variada. Em princípio, nenhum sentido pode permanecer fora do campo de investigação do pensador. Em outras palavras, *tudo, absolutamente tudo, é ou pode – deve – ser alvo do interesse do filósofo.*

"Inclusive em relação a si mesma". A filosofia que ignora a si mesma, ou seja, a crítica que não é, em todas as instâncias, *também* autocrítica, corre risco seriíssimo de se transformar em algo que poderíamos chamar "ideologia". Parcializa o espectro de sua percepção, e com isso assume o complicado risco de enxergar apenas certas cores do espectro da realidade que se lhe propõe. Fecha-se em si mesma, e com isso como que se "apodera" da verdade ou verdades que lhe interessam, que lhe fornecem segurança; nesse campo encontramos os fundamentalismos de todos os tipos, de ordem filosófica, religiosa e científica. No caso da filosofia, do fundamentalismo filosófico, porém – para nós, o mais grave e complicado, porque nega *de saída* a potência filosófica propriamente dita, ou seja, a temporalidade que passa e poderia fazer com que a realidade assumisse *outros* contornos ao observador – a situação se inverte, devido ao medo, em mera ideologia travestida de filosofia. A filosofia sem autocrítica é, simplesmente, sua autonegação.

Notemos ainda dois aspectos relevantes nessa aproximação:

Em primeiro lugar, ela pressupõe totalmente a temporalidade como constitutivo essencial da realidade. *Sem tempo para existir, não há existência; sem tempo para pensar, não há filosofia; sem tempo para viver, não há encontro com o que não sou eu, ou seja, não há vida.* A ausência do tempo não é a conceptualidade pura, mas a morte pura e simplesmente.

E, em segundo lugar, reencontramos os parâmetros propostos no Preâmbulo desse livro. Não há como exercer a crítica, no sentido que propomos, sem que se tenha a percepção a) de uma pluralidade de perspectivas possíveis de abordagem da realidade, o que, aliás, bem traduz esse esforço de transformação da crise em crítica (onde temos já ao menos duas visões de um "mesmo" fato: aquele da crise *e* aquele da crítica); b) da possibilidade de diálogo e mútua fecundação com outras dimensões do conhecimento, da literatura à ciência, das artes à psicanálise e c) de que o absolutamente decisivo nessa abordagem da realidade não será a teoria que lhe serve de referência, mas *o que fazemos* com essa teoria, com essas referências; a ética ocupa a centralidade das preocupações humanas em todos os níveis, de forma direta e explícita, ou da forma mais indireta e implícita. Pois nascemos de outros, vivemos entre outros, e morremos, ainda que sós, no conjunto de uma comunidade em relação à qual somos sempre um elo insubstituível, na medida em que nossa inscrição na vida foi, sempre, definitiva[5].

5   Ver Capítulo 1.

SÍNTESE FINAL:
O DESAFIO DA VIDA
E A CONSTRUÇÃO DO SENTIDO

1 –Filosofia Como Existência Refletida

Sintetizemos rapidamente o itinerário até aqui seguido.

A filosofia, o ato de filosofar como atitude frente à vida, foi aqui apresentada como a existência – não uma existência abstrata, mas a nossa existência absolutamente concreta e inconfundível – em processo de voltar-se a si mesma.

Porém, esse voltar-se a si mesma não se dá como um ato de soberana vontade ou de diletantismo intelectual, mas como a *resposta* extrema a uma situação também extrema, ameaçadora, de profunda *crise* – crise de sentido. Assim, a filosofia nasce de uma *crise de sentido* que é compreendida como tal por alguém, que, por sua vez, é capaz de organizar essa crise em torno a seus constitutivos mais essenciais, mais determinantes, transformando-a por assim dizer em uma aguda *crítica da realidade*, a qual, ao se exercer em um determinado contexto histórico social, em uma determinada comunidade, em uma determinada linguagem, interage profundamente com a realidade. Assim têm agido os grandes filósofos em todos os tempos e lugares.

2 – Filosofia Como Radicalidade na Temporalidade

Essa crítica, à qual tantas vezes fizemos referência, não pode, porém, naturalmente, permanecer seduzida pelas superfícies; ela pretende se dirigir às profundezas do sentido. Para isso, ela dispõe do *tempo*, daquela dimensão da realidade que permite que os instantes se sucedam, que a semente germine, que a criança cresça e que o pensamento desabroche. Com o tempo, a filosofia desenvolve seu ferramental; lúcida, não perde de vista seu verdadeiro sentido de crescimento e retorna sempre a si, enquanto autocrítica que não perde de vista sua motivação original e se expõe à realidade à qual se dirige.

3 –O Desafio da Vida e a Construção Ética do Sentido

Procurando a manutenção da fidelidade a si mesma, a filosofia permanece fiel à vida que lhe deu origem, à vida do filósofo, à vida da realidade em sua infinita variedade.

Esse é o seu verdadeiro nascimento.

E surge então a mais famosa de todas as questões: a questão pelo sentido da vida, da realidade. A questão que habita cada um que já nasceu e viveu na terra.

Nesse momento, um pequeno exercício, um exercício filosófico, é possível. Ele será colocado, à moda de muitos dos pensadores da tradição filosófica, sob a forma de questões.

Procuramos o sentido da vida. Será essa a única forma de nos interessarmos pelo sentido da vida, a saber, *procurando* por ele?

Não podemos conceber que, em tendo o *tempo* à nossa disposição (ainda que um tempo limitado), podemos iniciar uma tarefa, uma construção: a construção, exatamente, do sentido da vida?

Pois a questão pelo sentido da vida, nos rastros das tradições que costumam propor essa questão, já pressupõe uma série de variáveis. Senão vejamos:

Em primeiro lugar, pressupõe um sentido "já pronto", ao qual devemos aceder ou que temos que alcançar.

Em segundo lugar, abstrai da desproporção entre um sentido assim já pronto e a nossa própria vida, que nunca está pronta até a morte, mas é antes um *fazer-se* contínuo no tempo. Pressupõe, portanto, que essa distância virtualmente infinita entre um conceito puro e um ser finito seja franqueável.

E, em terceiro lugar, pressupõe que o tal sentido que procura seja uma questão puramente racional, ou, ao menos, que se dê de forma inequivocamente racional – no sentido de "lógico" – às potências filosóficas investigadoras.

A esses três pressupostos (entre outros) a filosofia parece retornar obsessivamente.

Três pressupostos. Três obviedades? E se tentássemos desconstruir essas obviedades?

E se o sentido (mantenhamos essa expressão) não estivesse já pronto, escondido à nossa espera, mas fosse, antes, um convite a construí-lo (ou seja, e se o sentido da vida consistisse no convite que a própria vida nos faz de construí-la, erigi-la enquanto valiosa para nós e para todos os outros)?

E se o sentido não é o estático, o puro, o intemporal para além do dinâmico, do mutável, mas é, antes, a *relação possível* entre o intemporal e o dinâmico? Ou seja, e se o sentido não se dá no conceito, mas na linguagem que, anterior ao conceito, o exprime, e, ainda anteriormente, na intenção que anima a própria linguagem?

E se o sentido não é uma questão puramente racional, mas antes *relacional*, e só se dá quando eu não o apreendo sozinho, mas encontro o outro e com o outro fazemos de nossa relação uma relação *com sentido*?

Essas três questões, aparentemente ingênuas, são suficientes aqui; elas mostram que todo enunciado é desconstruível, até mesmo aquele que pretende tocar na medula da existência, dito que tem sido com tanta pompa ao longo dos séculos. E elas enviam a outras questões – e a outras soluções.

Pois podemos muito facilmente trabalhar aqui com imagens. Em sua simplicidade e aparente ingenuidade, elas nos podem conduzir de outra forma ao âmago do problema, que talvez não seja aquele promulgado pela tradição.

Imaginemos que somos escultores. Temos à nossa disposição uma razoável quantidade de matéria-prima, à qual podemos imprimir nossa vontade, fazendo coisas grandes e belas.

Porém, em lugar de fazermos isso, o que fazemos é nos indagarmos continuamente, à vista de tão notável matéria-prima, qual o seu sentido. Não construímos nada: esperamos que a matéria-prima nos revele seu segredo, *seu sentido*. Indagamos por ele, indagamos a ela; e nada fazemos. Perguntamos por sua beleza: porém, ao nos negarmos a intervir na sua forma, essa beleza nos permanece oculta.

Qual escultura no mundo teria surgido, houvesse o escultor mantido essa atitude meramente indagativa-contemplativa? Qual sentido da escultura, qual sentido da proporção e da beleza, teriam sido evidenciados, caso o escultor houvesse permanecido paralisado frente às infinitas virtualidades de tão magnífica matéria-prima? O que sobraria, ao final do *tempo*, senão a *angústia* do escultor que nunca chegou a entender sua relação real com a matéria prima?

Talvez a mesma angústia daqueles que, ao perguntarem pelo sentido da vida, se negam a entender que esse sentido depende *também de sua intervenção pessoal e inconfundível* na vida?

Talvez a pergunta pelo sentido da vida – a mais original de todas as perguntas – devesse ser compreendida como um convite a uma *intervenção* na vida, a construção de uma forma de agir – uma *ética* – que significa, em última análise, que o sentido da vida não é uma questão de perguntar, mas de *agir*?

A realidade que é o tempo nos dá tempo para pensar. Somos todos iniciantes, na vida como na filosofia. Mas, na tarefa que é nossa, ninguém nos poderá substituir.

INDICAÇÕES BIBLIOGRÁFICAS

Selecionamos a seguir alguns títulos de fácil acesso, nem todos tecnicamente "filosóficos" mas sempre de expressiva relevância cultural, que podem vir a facilitar o aprofundamento das questões propostas. Essa lista não é exaustiva e nem mesmo representativa de todas as grandes orientações filosóficas; ela reflete, simplesmente, nossa escolha pessoal baseada na combinação entre os elementos *acessibilidade* e *pertinência da reflexão*. Procura, porém, oferecer um vasto leque de alternativas e abordagens dos grandes problemas filosóficos da tradição e da contemporaneidade.

A mais divulgada coleção de obras filosóficas em língua portuguesa é a valiosa série *Os Pensadores,* onde estão representados muitos dos autores considerados clássicos. Entre os volumes contam-se (não listados na Bibliografia a seguir): *Pré-socráticos, Sócrates, Platão, Aristóteles, Epicuro (e outros), Santo Agostinho, Santo Anselmo/Abelardo,*

São Tomás de Aquino, Bacon, Descartes, Newton/Leibniz, Espinosa, J. S. Mill, Berkeley/Hume, Voltaire, Comte, Hegel, Schelling, Fichte, Schopenhauer, Nietzsche, Marx, W. James, Moore, Bergson, Bachelard, Russel, Sartre, Heidegger, Peirce/ Frege, Wittgenstein, Schlick/Carnap, etc. As introduções aos volumes costumam ser de grande utilidade.

É de se destacar, ainda, a enorme relevância da produção filosófica brasileira e latino-americana, dimensão que, embora muitas vezes não devidamente representada em currículos de cursos formais de filosofia, é absolutamente imprescindível não só para a percepção mais correta de nosso mundo cultural, mas do que possa ser a filosofia em geral.

ADORNO, Theodor W. *Minima Moralia*. São Paulo, Ática, 1993.

———. *Teoria Estética*. São Paulo, Martins Fontes, s/d.

———. *Filosofia da Nova Música*. São Paulo, Perspectiva, 1974.

———. *Prismas*. São Paulo, Ática, 1998.

———. *Palavras e Sinais – Modelos Críticos 2*. Petrópolis, Vozes, 1995.

ADORNO, Theodor W. e HORKHEIMER, Max. *Dialética do Esclarecimento*. Rio de Janeiro, Zahar, 1986.

ALBORNOZ, Suzana. *O Enigma da Esperança – Ernst Bloch e as Margens da História do Espírito*. Petrópolis, Vozes, 1999.

———. *Ética e Utopia – Ensaio sobre Ernst Bloch*. Porto Alegre, Movimento – FISC, 1985.

ALMEIDA, Custódio; FLICKINGER, Hans-Georg e ROHDEN, Luiz. *Hermenêutica Filosófica nas Trilhas de Hans-Georg Gadamer*. Porto Alegre, Edipucrs, 2000.

ALTHUSSER, Louis. *Ideologia e Aparelhos Ideológicos do Estado*. Lisboa, Editorial Presença, s/d.

ALVES, Rubem. *Filosofia da Ciência – Introdução ao Jogo e Suas Regras.* São Paulo, Brasiliense, 1986.

AMARAL, Mônica do. *O Espectro de Narciso na Modernidade – De Freud a Adorno.* São Paulo, Estação Liberdade, 1997.

ANN KAPLAN, E. (Org.). *O Mal-estar no Pós-modernismo.* Rio de Janeiro, Zahar, 1997.

APEL, Karl-Otto. *Estudos de Moral Moderna.* Petrópolis, Vozes, 1994.

ARANTES, Antonio A. *O Espaço da Diferença.* Campinas, Papirus, 2000.

ARENDT, Hannah. *A Condição Humana.* Rio de Janeiro, Forense Universitária, 1983.

_____. *Origens do Totalitarismo – Anti-semitismo-Imperialismo-Totalitarismo.* São Paulo, Cia das Letras, 1989.

_____. *Eichmann em Jerusalém – Um Relato Sobre a Banalidade do Mal.* São Paulo, Cia das Letras, 1999.

ARREGUI, Jorge Vicente. *Acción y Sentido em Wittgenstein.* Pamplona, Ed. Univ. Navarra, 1984.

ASSOUN, Paul-Laurent. *Freud e Wittgenstein.* Rio de Janeiro, Campus, 1990.

AYER, Alfred. *As Questões Centrais da Filosofia.* Rio de Janeiro, Zahar, 1975.

BACHELARD, Gaston. *O Direito de Sonhar.* Rio de Janeiro, Bertrand Brasil, 1994.

BARTHES, Roland. *O Grau Zero da Escrita.* São Paulo, Martins Fontes, 2000.

BAUDRILLARD, Jean. *A Transparência do Mal – Ensaio Sobre os Fenômenos Extremos.* Campinas, Papirus, 1992.

BAUMAN, Zygmunt. *Em Busca da Política.* Rio de Janeiro, Jorge Zahar Editores, 2000.

_____. *Globalização – As Consequências Humanas.* Rio de Janeiro, Jorge Zahar Editor, 1999.

_____. *Ética Pós-moderna.* São Paulo, Paulus, 1998.

BENJAMIN, Andrew e OSBORNE, Peter (Orgs.). *A Filosofia de Walter Benjamin – Destruição e Experiência.* Rio de Janeiro, Jorge Zahar, 1997.

BENJAMIN, Walter. *Obras Escolhidas*. São Paulo, Brasiliense, 1985.

_____. *Obras Escolhidas 2 – Rua de Mão Única*. São Paulo, Brasiliense, 1997.

_____. *Obras Escolhidas 3 – Charles Baudelaire – Um Lírico no Auge do Capitalismo*. São Paulo, Brasiliense, 1989.

BERGSON, Henri. *A Evolução Criadora*. Rio de Janeiro, Zahar.

_____. *Ensaio Sobre os Dados Imediatos da Consciência*. Lisboa, Edições 70, s/d.

_____. *O Riso – Ensaio Sobre a Significação do Cômico*. Rio de Janeiro, Zahar, 1980.

_____. *As Duas Fontes da Moral e da Religião*. Rio de Janeiro, Zahar, 1978.

BLANCHOT, Maurice. *A Conversa Infinita 1 – A Palavra Plural*. São Paulo, Escuta, 2001.

_____. *A Parte do Fogo*. Rio de Janeiro, Rocco, 1997.

BOBBIO, Norberto. *Os Intelectuais e o Poder – Dúvidas e Opções dos Homens de Cultura na Sociedade Contemporânea*. São Paulo, Editora da Unesp 1997.

BORNHEIM, Gerd. *Os Filósofos Pré-socráticos* (Org.). São Paulo, Cultrix, 1994.

_____. *Sartre*. São Paulo, Perspectiva, 1984.

BOMBASSARO, Luiz Carlos. *As Fronteiras da Epistemologia – Como se Produz o Conhecimento*. Petrópolis, Vozes, 1992.

BUBER, Martin. *Eu e Tu*. São Paulo, Cortez & Moraes, 1979.

_____. *O Socialismo Utópico*. São Paulo, Perspectiva, 1986.

BUCK-MORSS, Susan. *Origen de la Dialéctica Negativa*. Mexico, 1981.

BUZZI, Arcangelo. *Introdução ao Pensar*. Petrópolis, Vozes, 1983.

CAMUS, Albert. *A Peste*. Rio de Janeiro, José Olympio, 1973.

_____. *A Inteligência e o Cadafalso e Outros Ensaio*. Rio de Janeiro, Record, 1998.

_____. *O Primeiro Homem*. Rio de Janeiro, Nova Fronteira, 1994.

CAPUTO, John. *Desmistificando Heidegger*. Lisboa, Instituto Piaget, s/d.

CARVALHO, Maria Cecília M. de. (Org.). *Paradigmas Filosóficos da Atualidade*. Campinas, Papirus, 1989.

CASSIRER, Ernst. *A Filosofia do Iluminismo*. Campinas, Ed. Da Unicamp, 1992.

CHALIER, C. *Levinas – A Utopia do Humano*. Lisboa, Instituto Piaget, s/d.

CHALHUB, Samira (Org.). *Pós moderno & Artes Plásticas – Cultura – Literatura – Psicanálise – Semiótica*. Rio de Janeiro, Imago, 1994.

CHAUI, Marilena. *Convite à Filosofia*. São Paulo, Editora Ática, 1994.

_____. *O que é Ideologia?* São Paulo, Brasiliense, 1991.

_____. *Brasil – Mito Fundador e Sociedade Autoritária*. São Paulo, Fundação Perseu Abramo, 2000.

CHOMSKY, Noam. *Linguagem e Pensamento*. Petrópolis, Vozes, 1971.

_____. *Ano 501 – A Conquista Continua*. São Paulo, Scritta Editorial, 1993.

_____. *Segredos, Mentiras e Democracia*. Brasília, Editora da Unb, 1999.

_____. *11 de Setembro*. Rio de Janeiro, Bertrand Brasil, 2002.

CIORAN, Emil. *Breviário da Decomposição*. Rio de Janeiro, Rocco, 1995.

CIRNE LIMA, C. *Sobre a Contradição*. Porto Alegre, Edipucrs, 1996.

CLARK, Katerina e HOLQUIST, Michael. *Bakhtin*. São Paulo, Perspectiva, 1998.

CLOTET, J.; FRANCISCONI, C. F. e GOLDIM, J. R.(Org.). *Consentimento Informado e a Sua Prática na Assistência e Pesquisa no Brasil*. Porto Alegre, Edipucrs, 2000.

COLLI, Giorgio. *O Nascimento da Filosofia*. Campinas, Editora da Unicamp, 1992.

COLOMBO, O. P. *Pistas para Filosofar*. Porto Alegre, Evangraf, 1995.

COMPAGNON, Antoine. *Os Cinco Paradoxos da Modernidade*. Belo Horizonte, Ed. da Ufmg, 1996.

CORNFORD, F. M. *Principium Sapientiae – As Origens do Pensamento Filosófico Grego*. Lisboa, Fund. Calouste Gulbenkian, s/d.

COSTA, Jurandir F. *A Ética e o Espelho da Cultura*. Rio de Janeiro, Rocco, 1994.

COSTA, M. *Levinas – Uma Introdução.* Petrópolis, Vozes, 2000.

COSTA LIMA, Luís (Org.). *Teoria da Cultura de Massa.* Rio de Janeiro, Paz e Terra, 1990.

DARTIGUES, André. *O Que é a Fenomenologia?.* São Paulo, Editora Moraes, 1992.

DE BONI, L. A. (Org.) *Filosofia Medieval – Textos.* Porto Alegre, Edipucrs, 2000.

DELACAMPAGNE, Christian. *História da Filosofia no Século XX.* Rio de Janeiro, Jorge Zahar Editor, 1997.

DELEUZE, Gilles e GUATTARI, Felix. *O Que é a Filosofia?* Rio de Janeiro, 1992, Ed. 34.

_____. *El Anti Edipo: Capitalismo y Esquizofrenia.* Barcelona, Paidós, 1995.

DELEUZE, Gilles. *Bergsonismo.* São Paulo, Ed. 34, 1999.

_____. *Foucault.* São Paulo, Brasiliense, 1988.

DERRIDA, Jacques. *A Escritura e a Diferença,* 4. ed. revista e ampliada. São Paulo, Perspectiva, 2009.

_____. *Margens da Filosofia.* Campinas, Papirus, 1991.

_____. *Gramatologia.* São Paulo, Perspectiva, 1999.

_____. *Adeus a Emmanuel Lévinas.* São Paulo, Perspectiva, 2004.

_____. *A Farmácia de Platão.* São Paulo, Iluminuras, 1997.

_____. *Espectros de Marx.* Rio de Janeiro, Relume-Dumará, 1994.

_____. *A Voz e o Fenômeno.* Rio de Janeiro, Jorge Zahar Editor, 1994.

_____. *Limited Inc.* Campinas, Papirus, 1991.

DERRIDA, J. e VATTIMO, G. (Orgs.). *A Religião.* Lisboa, Relógio d'Água, 1997.

DESCARTES, René. *Discurso do Método.* São-Paulo/Brasília, Ática-Ed. da Unb, 1989.

DIÔGENES LAÊRTIOS. *Vidas e Doutrinas dos Filósofos Ilustres.* Brasília, Edit. Universidade de Brasília, 1986.

DREISHOLTKAMP, Uwe. *Jacques Derrida.* München, Beck, 1999.

DREIZIK, Pablo (Org.). *La Memoria de Las Cenizas.* Buenos Aires, Ed. Patrimonio Argentino, 2001.

DUARTE, Rodrigo. *Adornos – Nove Ensaios Sobre o Filósofo Frankfurtiano.* Belo Horizonte, Edit. da Ufmg, 1997.

_____. (Org.). *O Belo Autônomo – Textos Clássicos de Estética.* Belo Horizonte, Ed. da Ufmg, 1997.

_____. (Org.). *Belo, Sublime e Kant.* Belo Horizonte, Edit. da Ufmg, 1998.

DUARTE, Rodrigo e FIGUEIREDO, Regina (Orgs.). *Mímesis e Expressão.* Belo Horizonte, Ed. da Ufmg, 2001.

DUSSEL, Enrique. *Ética da Libertação – Na Idade da Globalização e da Exclusão.* Petrópolis, Vozes, 2000.

ECO, Umberto. *Obra Aberta.* São Paulo, Perspectiva, 1988.

EVERDELL, Willian R. *Os Primeiros Modernos – As Origens do Pensamento do Século XX.* São Paulo-Rio de Janeiro, Record, 2000.

FABRI, Marcelo. *Desencantando a Ontologia – Subjetividade e Sentido Ético em Levinas.* Porto Alegre, Edipucrs, 1997.

FAYE, Jean-Pierre. *A Razão Narrativa.* São Paulo, Editora 34, 1996.

_____. *O Que é a Filosofia?.* Lisboa, Instituto Piaget, s/d.

FEYERABEND, Paul. *Contra o Método.* Rio de Janeiro, Francisco Alves, 1989.

FINKIELKRAUT, Alain. *A Humanidade Perdida.* São Paulo, Ática, 1998.

_____. *A Derrota do Pensamento.* Rio de Janeiro, Paz e Terra, 1988.

FIORI, Ernani Maria. *Textos Escolhidos I – Metafísica e História.* Porto Alegre, L&PM, 1987.

FLICKINGER, Hans-Georg. *A Teoria da Auto-organização.* Porto Alegre, Edipucrs, 1994.

FORNET-BETANCOURT, R. *Problemas Atuais da Filosofia na Hispano--América.* São Leopoldo, Editora Unisinos, 1993.

FORRESTER, Viviane. *O Horror Econômico.* São Paulo, Ed. da Unesp, 1997.

FOUCAULT, Michel. *História da Loucura.* São Paulo, Perspectiva, 1978.

_____. *Arqueologia do Saber.* Rio de Janeiro, Forense Universitária, 1997.

_____. *Vigiar e Punir*. Petrópolis, Vozes, 1977.

FREUD, Sigmund. *A Interpretação dos Sonhos*. Rio de Janeiro, Imago, 1969.

FREITAG, Barbara. *Itinerários de Antígona – A Questão da Moralidade*. Campinas, Papirus, 1992.

FRIEDRICH, Otto. *O Fim do Mundo*. Rio de Janeiro, Record, 2000.

_____. *Antes do Dilúvio – Um Retrato da Berlim dos Anos 20*. Rio de Janeiro, Record, 1997.

FROMM, Erich. *O Medo à Liberdade*. Rio de Janeiro, Zahar, 1981.

GAGNEBIN, Jeanne Marie. *Sete Aulas Sobre Linguagem, Memória e História*. Rio de Janeiro, Imago, 1997.

GHIRALDELLI Jr. Paulo. *O Corpo de Ulisses – Modernidade e Materialismo em Adorno e Horkheimer*. São Paulo, Escuta, 1996.

GLENADEL, Paula e NASCIMENTO, Evando (Org.). *Em torno de Jacques Derrida*. Rio de Janeiro, 7 Letras, 2000.

GOMES, Roberto. *Crítica da Razão Tupiniquim*. Curitiba, Criar Edições, 1986.

GOULD, Stepen Jay. *A Falsa Medida do Homem*. São Paulo, Martins Fontes, 1991.

GRAMSCI, Antonio. *Cartas do Cárcere*. Rio de Janeiro, Civilização Brasileira, 1991.

_____. *Concepção Dialética da História*. Rio de Janeiro, Civilização Brasileira, 1991.

GUATTARI, F. *As Três Ecologias*. Campinas, Papirus, 1993.

GUEDEZ, Annie. *Foucault*. São Paulo, Edusp-Melhoramentos, 1977.

HABERMAS, Jürgen. *Consciência Moral e Agir Comunicativo*. Rio de Janeiro, Tempo Brasileiro, 1989.

HARTMANN, Nicolai. *A Filosofia do Idealismo Alemão*. Lisboa, Fundação Calouste Gulbenkian, 1986.

HEGEL, Georg W. F. *A Razão na História – Introdução à Filosofia da História Universal*. Lisboa, Ed. 70, 1995.

HEIDEGGER, Martin. *Ser e Tempo*. Petrópolis, Vozes, 1989.

HEISENBERG, Werner. *Física e Filosofia*. Brasília, Editora da Univ. de Brasília, 1987.

HELLER, Agnes. *Uma Teoria da História*. Rio de Janeiro, Civilização Brasileira, 1993.

_____. *A Filosofia Radical*. São Paulo, Brasiliense, 1983.

HINKELLAMMERT, Franz. *Crítica à Razão Utópica*. São Paulo, Paulinas, 1988.

_____. *As Armas Ideológicas da Morte*. São Paulo, Paulinas, 1983.

HOBSBAWM, Eric. *Era dos Extremos – o Breve Século XX*. São Paulo, Cia. das Letras, 1995.

HUSSERL, Edmund. *A Crise das Ciências Europeias e a Filosofia*. Porto Alegre, Edipucrs, 1996.

_____. *A Ideia da Fenomenologia*. Lisboa, Edições 70, s/d.

JAMESON, Fredric. *Pós-modernismo – A Lógica Cultural do Capitalismo Tardio*. São Paulo, Ática, 1997.

_____. *As Sementes do Tempo*. São Paulo, Ática, 1997.

_____. *O Marxismo Tardio – Adorno ou a Persistência da Dialética*. São Paulo, Unesp-Boitempo, 1997.

JANIK, A. e TOULMIN, S. *A Viena de Wittgenstein*. Rio de Janeiro, Campus, 1991.

JANKELEVITCH, Vladimir. *O Paradoxo da Moral*. Campinas, Papirus, 1991.

JASPERS, Karl. *Introdução ao Pensamento Filosófico*. São Paulo, Cultrix, 1983.

JAY, Martin. *As Ideias de Adorno*. São Paulo, 1988.

_____. *La Imaginación Dialéctica – Una Historia de la Escuela de Frankfurt*. Madrid, Taurus, 1974.

JIMENEZ, Marc. *Para Ler Adorno*. Rio de Janeiro, Francisco Alves, 1977.

KAFKA, Franz. *A Metamorfose*. São Paulo, Cia das Letras, 1997.

_____. *O Processo*. São Paulo, Brasiliense, 1997.

KANT, Immanuel. *Crítica da Razão Prática*. Lisboa, Edições 70, 1987.

KELKEL, A. e SCHERER, R. *Husserl*. Lisboa, Edições 70, s/d.

KIERKEGAARD, Sören A. *O Conceito de Ironia Constantemente Referido a Sócrates*. Petrópolis, Vozes, 1991.

KLEIN, Claude. *Weimar*. São Paulo, Perspectiva, 1995.

KONDER, Leandro. *Marx – Vida e Obra*. Rio de Janeiro, Paz e Terra, 1983.

_____. *Walter Benjamin – O Marxismo da Melancolia*. Rio de Janeiro, Editora Campus, 1988.

_____. *O que é Dialética?*. São Paulo, Brasiliense, 1983.

KOYRÉ, Alexandre. *Do Mundo Fechado ao Universo Infinito*. Lisboa, Gradiva, s/d.

KUHN, Thomas. *A Estrutura das Revoluções Científicas*. São Paulo, Perspectiva, 1978.

LADRIÈRE, Jean. *A Articulação do Sentido*. São Paulo, Edusp, 1977.

LAGES, Susana K. *Walter Benjamin – Tradução & Modernidade*. São Paulo, Edusp, 2002.

LARUELLE, F. *As Filosofias da Diferença*. Porto, Rés, s/d.

LECHTE, John. *50 Pensadores Contemporâneos Essenciais*. Rio de Janeiro, Difel, 2002.

LEGRAND, Gérard. *Os Pré-socráticos*. Rio de Janeiro, Zahar, 1991.

LEVINAS, Emmanuel. *Entre Nós – Ensaios Sobre a Alteridade*. Petrópolis, Vozes, 1997.

_____. *Ética e Infinito*. Lisboa, Edições 70, s/d.

_____. *Humanismo do Outro Homem*. Petrópolis, Vozes, 1993.

_____. *Da Existência ao Existente*. Campinas, Papirus, 1998.

_____. *Totalidade e Infinito – Ensaio Sobre a Exterioridade*. Lisboa, Edições 70, s/d.

_____. *De Outro Modo que Ser, o Más Allá de la Esencia*. Salamanca, Sígueme, 1987.

_____. *De Deus que Vem à Ideia*. Petrópolis, Vozes, 2002.

LÉVY, Bernard-Henri. *O Século de Sartre*. Rio de Janeiro, Nova Fronteira, 2001.

LÖWY, Michael. *Romantismo e Messianismo*. São Paulo, Perspectiva-Edusp, 1990.

LUFT, Eduardo. *As Sementes da Dúvida – Investigação Crítica dos Fundamentos da Filosofia Hegeliana*. São Paulo, Mandarim, 2001.

LUKÁCS, G. *A Teoria do Romance.* São Paulo, Duas Cidades/Editora 34, 2000.

LUIJPEN, W. *Introdução à Fenomenologia Existencial.* São Paulo, Edusp-Epu, 1974.

LYOTARD, Jean-François. *O Pós-moderno.* Rio de Janeiro, José Olympio Editora, 1988.

_____. *A Fenomenologia.* Lisboa, Edições 70, s/d.

_____. *Peregrinações – Lei, Forma, Acontecimento.* São Paulo, Estação Liberdade, 2000.

_____. *O Pós-modernismo Explicado às Crianças.* Lisboa, Dom Quixote, 1993.

_____. *O Inumano – Considerações Sobre o Tempo.* Lisboa, Editorial Estampa, 1990.

MACHADO, Roberto. *Foucault, a Filosofia e a Literatura.* Rio de Janeiro, Jorge Zahar Editor, 2000.

MACIEL, Sônia. *Corpo Invisível – Uma Nova Leitura na Filosofia de Merleau-Ponty.* Porto Alegre, Edipucrs, 1997.

MAIA, Muriel. *A Outra Face do Nada – Sobre o Conhecimento Metafísico na Estética de Arthur Schopenhauer.* Petrópolis, Vozes, 1991.

MANN, Klaus. *Mefisto – Romance de uma Carreira.* São Paulo, Estação Liberdade, 2000.

MANN, Thomas. *A Montanha Mágica.* Rio de Janeiro, Nova Fronteira, 1995.

MARCEL, Gabriel. *Diario Metafísico.* Madrid, Guadarrama, 1969.

MARCONDES, Danilo. *Iniciação à História da Filosofia – dos Pré-socráticos a Wittgenstein.* Rio de Janeiro, Jorge Zahar Editor, 1998.

MARCUSE, Herbert. *Ideias Sobre Uma Teoria Crítica da Sociedade.* Rio de Janeiro, Zahar, 1981.

MARÍAS, Julián. *Antropologia Metafísica.* Rio de Janeiro, Livraria Duas Cidades, 1971.

MÁRQUEZ, Gabriel García. *Cem Anos de Solidão.* Rio de Janeiro, Record, s/d.

MARX, Karl. *O Capital.* Rio de Janeiro, Civilização Brasileira, 1980 (3 Vols.).

MATOS, C. F. Olgária. *A Escola de Frankfurt – Luzes e Sombras do Iluminismo*. São Paulo, Moderna, 1993.

MATURANA, H. *Ontologia da Realidade*. Belo Horizonte, Ed. da Ufmg, 1997.

MAYER, Hans. *Os Marginalizados*. Rio de Janeiro, Editora Guanabara, 1989.

MELLO E SOUZA, Nelson. *Modernidade – Desacertos de um Consenso*. Campinas, Ed. da Unicamp, 1994.

MERLEAU-PONTY, Maurice. *O Visível e o Invisível*. São Paulo, Perspectiva, 1999.

MONK, Ray. *Wittgenstein – O Dever do Gênio – Uma Biografia*. São Paulo, Cia. das Letras, 1995.

MONDOLFO, Rodolfo. *O Infinito no Pensamento da Antiguidade Clássica*. São Paulo, Editora Mestre Jou, 1968.

———. *Figuras e Ideias da Filosofia da Renascença*. São Paulo, Editora Mestre Jou, 1967.

MONTAIGNE, Michel de. *Ensaios* (3 Vol.). Porto Alegre, Editora Globo, 1961.

MOREAU, Joseph. *Espinosa e o Espinosismo*. Lisboa, Edições 70, s/d.

MORIN, Edgar. *A Cabeça Bem Feita: Repensar a Forma. Retomar o Pensamento*. Rio de Janeiro, Bertrand Brasil, 2000.

———. *Ciência com Consciência*. Rio de Janeiro, Bertrand Brasil, 2001.

MORIN, Edgar e KERN, Anne Brigitte. *Terra-pátria*. Porto Alegre, Sulina, 1995.

MOUNIER, Emmanuel. *O Personalismo*. Lisboa, Livraria Morais Editora, 1964.

MOURA, Carlos A. R. de. *Crítica da Razão na Fenomenologia*. São Paulo, Edusp-Nova Stella, 1989.

MÜLLER, Marcos José. *Merleau-Ponty: Acerca da Expressão*. Porto Alegre, Edipucrs, 2001.

NAPOLI, Ricardo B. de. *Ética e Compreensão do Outro – a Ética de Wilhelm Dilthey sob a Perspectiva do Encontro Inter-étnico*. Porto Alegre, Edipucrs, 2000.

NASCIMENTO, E. e GLENADEL, P. (Orgs.). *Em Torno a Jacques Derrida*. Rio de Janeiro, 7 Letras, 2000.

NESTROWSKI, Arthur e SELIGMANN-SILVA, M. (Orgs.). *Catástrofe e Representação*. São Paulo, Escuta, 2000.

NIETZSCHE, F. *Assim Falou Zaratustra*. São Paulo, Bertrand Brasil, 1994.

NUNES, Benedito. *A Filosofia Contemporânea*. São Paulo, Ática, 1991.

OLIVEIRA, Manfredo Araújo de. *Ética e Práxis Histórica*. São Paulo, Ática, 1995.

_____. (Org.) *Correntes Fundamentais da Ética Contemporânea*. Petrópolis, Vozes, 2000.

OLIVEIRA, Nythamar Fernandes de. *Tractatus ethico-politicus*. Porto Alegre, Edipucrs, 1999.

ORTEGA Y GASSET, *Meditações do Quixote*. São Paulo, Livro Ibero Americano, 1967.

OUAKNIN, Marc-Alain. *Biblioterapia*. São Paulo, Loyola, 1998.

PASCAL, Blaise. *Pensamentos*. Várias edições, s/d.

PAVIANI, Jayme. *Formas do Dizer – Questões de Método, Conhecimento e Linguagem*. Porto Alegre, Edipucrs, 1998.

_____. *Escrita e Linguagem em Platão*. Porto Alegre, Edipucrs, 1993.

_____. *Estética Mínima: Notas sobre Arte e Literatura*. Porto Alegre, Edipucrs, 1996.

_____. *Filosofia e Método em Platão*. Porto Alegre, Edipucrs, 2001.

_____. *Problemas de Filosofia da Educação*. Petrópolis, Vozes, várias edições.

_____. *A Racionalidade Estética*. Porto Alegre, Edipucrs, 1991.

PAVIANI, J. e DAL RI Jr, A. (Orgs.). *Globalização e Humanismo Latino*. Porto Alegre, Edipucrs, 2000.

_____. *Humanismo Latino no Brasil de Hoje*. Belo Horizonte, F. Cassamarca/Puc-MG, 2001.

PELBART, Peter Pál. *O Tempo Não-Reconciliado*. São Paulo, Perspectiva, 1998.

PELIZZOLI, Marcelo L. *A Emergência do Paradigma Ecológico*. Petrópolis, Vozes, 1999.

_____. *A Relação ao Outro em Husserl e Levinas*. Porto Alegre, Edipucrs, 1994.

_____. *Levinas e a Construção da Subjetividade*. Porto Alegre, Edipucrs, 2002.

PIRES, Cecília Pinto (Org.). *Ética e Cidadania – Olhares da Filosofia Latino-Americana*. Porto Alegre, DaCasa-Palmarinca, 1999.

PRADO Jr., Caio. *O Que é Filosofia?*. São Paulo, Brasiliense, 1982.

PRADO DE MENDONÇA, Eduardo. *O Mundo Precisa da Filosofia*. Rio de Janeiro, Agir, 1978.

RABUSKE, Edvino A. *Epistemologia das Ciências Humanas*. Caxias do Sul, Edusc, 1987.

_____. *Filosofia da Linguagem e Religião*. Porto Alegre, Edipucrs, 1994.

RICOEUR, Paul. *Interpretação e Ideologias*. Rio de Janeiro, Francisco Alves, 1983.

_____. *O Si-mesmo como um outro*. Campinas, Papirus, 1991.

ROSA, João Guimarães. *Grande Sertão: Veredas*. Rio de Janeiro, Nova Fronteira, 1986.

ROSENZWEIG, Franz. *El Nuevo Pensamiento*. Madrid, Visor, 1989.

_____. *El Libro del Sentido Común Sano y Enfermo*. Madrid, Caparrós Editores, 1994.

ROUANET, Sérgio P. *A Razão Cativa – As Ilusões da Consciência: de Platão a Freud*. São Paulo, Brasiliense, 1985.

RUSSEL, Bertrand. *Da Educação*. São Paulo, Cia. Editora Nacional, 1977.

SÁNCHEZ VÁZQUEZ, Adolfo. *Ética*. Rio de Janeiro, Civilização Brasileira, 1998.

SANTNER, Eric L. *A Alemanha de Schreber – A Paranoia à Luz de Freud – Kafka – Foucault – Canetti – Benjamin*. Rio de Janeiro, Jorge Zahar Editor, 1997.

SANTOS, Boaventura de Sousa. *Pela Mão de Alice – O Social e o Político na Pós-modernidade*. São Paulo, Cortez, 1997.

SARDI, Sérgio. *Diálogo e Dialética em Platão*. Porto Alegre, Edipucrs, 1995.

SARTRE, Jean-Paul. *Saint Genet – Ator e Mártir*. Petrópolis, Vozes, 2002.

_____. *As Palavras*. Rio de Janeiro, Nova Fronteira, s/d.

_____. *O Ser e o Nada*. Petrópolis, Vozes, 1999.

_____. *Em Defesa dos Intelectuais*. São Paulo, Ática, 1994.

_____. *A Náusea*. Rio de Janeiro, Nova Fronteira, s/d.

_____. *O Testamento de Sartre*. Porto Alegre, L&PM, 1980.

SCHELER, Max. *Visão Filosófica do Mundo*. São Paulo, Perspectiva, 1986.

SCHORSKE Carl E. *Viena Fin-de-siècle – Política e Cultura*. São Paulo, Cia. das Letras, 1988.

SCHÜLER, Donaldo. *Heráclito e Seu (dis)curso*. Porto Alegre, L&PM, 2000.

SELIGMANN-SILVA, Márcio (Org.). *Leituras de Walter Benjamin*. São Paulo, FAPESP-AnnaBlume, 1999.

SERRES, Michel. *O Terceiro Instruído*. Lisboa, Instituto Piaget, s/d.

SIDEKUM, Antônio. *A Intersubjetividade em Martin Buber*. Porto Alegre/Caxias do Sul, Est/Ucs, 1979.

_____. *Ética e Alteridade – A Subjetividade Ferida*. São Leopoldo, Editora Unisinos, 2002.

_____. SILVA, Hélio R. S. e Milito, C. *Vozes do Meio-fio – Etnografia*. Rio de Janeiro, Relume-Dumará, 1995.

SILVA, Juremir Machado da. *Anjos da Perdição – Futuro e Presente na Cultura Brasileira*. Porto Alegre, Sulina, 1996.

SILVA, Úrsula Rosa da. *A Linguagem Muda e o Pensamento Falante*. Porto Alegre, Edipucrs, 1994.

SOUZA, Draiton G. de. *O Ateísmo Antropológico de Ludwig Feuerbach*. Porto Alegre, Edipucrs, 1994.

SOUZA, Nelson Mello e. *Modernidade: Desacertos de um Consenso*. Campinas, Ed. Unicamp, 1994.

SOUZA, Ricardo Timm de. *Totalidade & Desagregação – Sobre as Fronteiras do Pensamento e suas Alternativas*. Porto Alegre, Edipucrs, 1996.

_____. *O Tempo e a Máquina do Tempo – Estudos de Filosofia e Pós-modernidade*. Porto Alegre, Edipucrs, 1998.

_____ . *Sujeito, Ética e História – Levinas, o Traumatismo Infinito e a Crítica da Filosofia Ocidental*. Porto Alegre, Edipucrs, 1999.

_____ . *Existência em Decisão – Uma Introdução ao Pensamento de F. Rosenzweig*. São Paulo, Perspectiva, 1999.

_____ . *Sentido e Alteridade – Dez Ensaios Sobre o Pensamento de E. Levinas*. Porto Alegre, Edipucrs, 2000.

_____ . *Metamorfose e Extinção – Sobre Kafka e a Patologia do Tempo*. Caxias do Sul, EDUCS, 2000.

_____ . *Ainda Além do Medo – Filosofia e Antropologia do Preconceito*. Porto Alegre, DaCasa-Palmarinca, 2002.

SOUZA, Ricardo Timm de. e OLIVEIRA, Nythamar Fernandes de. (Orgs.). *Fenomenologia Hoje – Existência, Ser e Sentido no Alvorecer do Século XXI*. Porto Alegre, Edipucrs, 2001.

_____ . *Fenomenologia Hoje II – Significado e Linguagem*. Porto Alegre, Edipucrs, 2002.

SPINELLI, Miguel. *Filósofos Pré-socráticos – Primeiros Mestres da Filosofia e da Ciência Grega*. Porto Alegre, Edipucrs, 1998.

STEIN, Ernildo J. *Melancolia*. Porto Alegre, Movimento, 1976.

_____ . *Racionalidade e Existência. Uma Introdução à Filosofia*. Porto Alegre, Movimento, 1988.

SUBIRATS, Eduardo. *Da Vanguarda ao Pós-moderno*. São Paulo, Nobel, 1991.

SUNG, Jung Mo. *Desejo, Mercado e Religião*. Petrópolis, Vozes, 1997.

SUSIN, Luiz Carlos. *O Homem Messiânico – Uma Introdução ao Pensamento de Emmanuel Levinas*. Porto Alegre-Petrópolis, Est-Vozes, 1984.

TEIXEIRA COELHO Netto, J. *Moderno Pós Moderno – Modos & Versões*. São Paulo, Iluminuras, s/d.

TIBURI, Márcia. *Crítica da Razão e Mímesis no Pensamento de Theodor W. Adorno*. Porto Alegre, Edipucrs, 1995.

TUGENDHAT, Ernst. *Lições Sobre Ética*. Petrópolis, Vozes, 1997.

ULLMANN, Reinholdo A. *A Universidade Medieval*. Porto Alegre, Edipucrs, 2000.

_____ . *Epicuro – O Filósofo da Alegria*. Porto Alegre, Edipucrs, 1996.

_____ . *O Estoicismo Romano – Sêneca, Epicteto, Marco Aurélio.* Porto Alegre, Edipucrs, 1996.

VALLS, Álvaro Montenegro. *O Que é Ética?.* São Paulo, Brasiliense, 1986.

_____ . *Entre Sócrates e Cristo – Ensaios Sobre a Ironia e o Amor em Kierkegaard.* Porto Alegre, Edipucrs, 2000.

_____ . *Estudos de Estética e Filosofia da Arte Numa Perspectiva Adorniana.* Porto Alegre, Editora da Ufrgs, 2002.

VATTIMO, Gianni. *A Sociedade Transparente.* Lisboa, Ed. 70, s/d.

VATTIMO, Gianni e ROVATTI, Pier Aldo (Orgs.). *El Pensamiento Débil.* Madrid, Cátedra, 1995.

VELHO, Gilberto e ALVITO, Marcos (Orgs.). *Cidadania e Violência.* Rio de Janeiro, editora da Ufrj – editora da Fgv, 1996.

VVAA. *Ciência Política – Textos Introdutórios.* Porto Alegre, Edições Mundo Jovem, 1988.

_____ . *Pós-modernidade.* Campinas, Editora da Unicamp, 1993.

_____ . *Filosofia Política Nova Série Vol. 5 – Pena de Morte.* Porto Alegre, L&PM, 2000.

VIRILIO, Paul. *Velocidade e Política.* São Paulo, Estação Liberdade, 1996.

_____ . *A Arte do Motor.* São Paulo, Estação Liberdade, 1996.

WAHL, Jean. *Kierkegaard.* Buenos Aires, Ediciones Losange, s/d.

WEBER, Thadeu. *Ética e Filosofia Política: Hegel e o Formalismo Kantiano.* Porto Alegre, Edipucrs, 1999.

WITTGENSTEIN, Ludwig. *Tractatus logico-philosophicus.* São Paulo, EDUSP, 1993.

ZILLES, U. *Gabriel Marcel e o Existencialismo.* Porto Alegre, Edipucrs, 1995.

ZUBIRI, Xavier. *Cinco Lecciones de Filosofia.* Madrid, Alianza Editorial, 1985.

SOBRE O AUTOR

Ricardo Timm de Souza nasceu em Farroupilha, RS, em
1962. Entre seus muitos interesses acadêmicos, dedi-
cou-se especialmente à música e às ciências humanas.
Doutorou-se em filosofia, em 1994, na Universidade de
Freiburg, Alemanha, com tese sobre a ética da Alteridade. É autor, além de muitos artigos e vários capítulos
de livros, dos seguintes livros: *Totalidade & Desagregação – Sobre as Fronteiras do Pensamento e suas Alternativas,*
Porto Alegre, Edipucrs, 1996; *Filosofia Mínima: Fragmen-
tos de Fim-de-Século,* Porto Alegre, Pyr Edições, 1998; *O
Tempo e a Máquina do Tempo: Estudos de Filosofia e Pós-Mo-
dernidade,* Porto Alegre, Edipucrs, 1998; *Existência em
Decisão: Uma Introdução à Obra de Franz Rosenzweig,* São
Paulo, Perspectiva, 1999; *Sujeito, Ética e História: Levinas, o Traumatismo Infinito e a Crítica da Filosofia Ocidental,*
Porto Alegre, Edipucrs, 1999; *Metamorfose e Extinção:*

Sobre Kafka e a Patologia do Tempo, Caxias do Sul, EDUCS, 2000; *Sentido e Alteridade: Dez Ensaios Sobre o Pensamento de E. Levinas,* Porto Alegre, Edipucrs, 2000 e *Ainda Além do Medo: Filosofia e Antropologia do Preconceito*, Porto Alegre: DaCasa-Palmarinca, 2002. Co-organizador, entre outros, de *Fenomenologia Hoje: Existência, Ser e Sentido no Limiar do Século XXI* (Porto Alegre, Edipucrs, 2001) e *Fenomenologia Hoje II: Significado e Linguagem* (Edipucrs, 2002). É Coordenador do Centro Brasileiro de Estudos sobre o pensamento de E. Levinas – CEBEL, Diretor de Publicações da Sociedade Brasileira de Fenomenologia e Membro-fundador do Centro Brasileiro de Estudos sobre o Humanismo. Membro consultor de conselhos editoriais diversos. É atualmente professor da PUCRS, Porto Alegre. Áreas principais de interesse: filosofia e cultura do século XX, questões de fenomenologia, filosofia e literatura, temas de ética, estética e filosofia da arte, psicanálise e cultura, temas de filosofia brasileira e latino-americana, pensamento judaico, filosofia da ecologia e da natureza, temas de pós-modernidade, novas epistemologias. E-mail: rtimmsouza@hotmail.com.

COLEÇÃO ELOS

1. *Estrutura e Problemas da Obra Literária*, Anatol Rosenfeld.
2. *O Prazer do Texto*, Roland Barthes.
3. *Mistificações Literárias: "Os Protocolos dos Sábios de Sião"*, Anatol Rosenfeld.
4. *Poder, Sexo e Letras na República Velha*, Sergio Miceli.
5. *Do Grotesco e do Sublime*, Victor Hugo.
6. *Ruptura dos Gêneros na Literatura Latino-Americana*, Haroldo de Campos.
7. *Claude Lévi-Strauss ou o Novo Festim de Esopo*, Octavio Paz.
8. *Comércio e Relações Internacionais*, Celso Lafer.
9. *Guia Histórico da Literatura Hebraica*, J. Guinsburg.
10. *O Cenário no Avesso*, Sábato Magaldi.
11. *O Pequeno Exército Paulista*, Dalmo De Abreu Dallari.
12. *Projeções: Rússia/Brasil/Itália*, Boris Schnaiderman.
13. *Marcel Duchamp ou o Castelo da Pureza*, Octavio Paz.
14. *Mitos Amazônicos da Tartaruga*, Charles Frederik Hartt.
15. *Galut*, Itzack Baer.
16. *Lenin: Capitalismo de Estado e Burocracia*, Leôncio M. Rodrigues e Ottaviano de Fiore.

17. *Círculo Linguístico de Praga*, J. Guinsburg (org.).
18. *O Texto Estranho*, Lucrécia D'Aléssio Ferrara.
19. *O Desencantamento do Mundo*, Pierre Bourdieu.
20. *Teorias da Administração de Empresas*, Carlos Daniel Coradi.
21. *Duas Leituras Semióticas*, Eduardo Peñuela Cañizal.
22. *Em Busca das Linguagens Perdidas*, Anita Salmoni.
23. *A Linguagem de Beckett*, Célia Berrettini.
24. *Política e Jornalismo: Em Busca da Liberdade*, José Eduardo Faria.
25. *A Ideia do Teatro*, José Ortega y Gasset.
26. *Oswald Canibal*, Benedito Nunes.
27. *Mário de Andrade/Borges*, Emir R. Monegal.
28. *Poética e Estruturalismo em Israel*, Ziva Ben-Porat e Benjamin Hrushovski.
29. *A Prosa Vanguardista na Literatura Brasileira: Oswald de Andrade*, Kenneth D. Jackson.
30. *Estruturalismo: Russos X Franceses*, N. I. Balachóv.
31. *O Problema Ocupacional: Implicações Regionais e Urbanas*, Anita Kon.
32. *Relações Literárias e Culturais entre Rússia e Brasil*, Leonid A. Shur.
33. *Jornalismo e Participação*, José Eduardo Faria.
34. *A Arte Poética*, Nicolas Boileau-Déspreaux.
35. *O Romance Experimental e o Naturalismo no Teatro*, Émile Zola.
36. *Duas Farsas: O Embrião do Teatro de Molière*, Célia Berrettini.
37. *A Propósito da Literariedade*, Inês Oseki-Dépré.
38. *Ensaios sobre a Liberdade*, Celso Lafer.
39. *Leão Tolstói*, Máximo Gorki.
40. *Administração de Empresas: O Comportamento Humano*, Carlos Daniel Coradi.

41. *O Direito da Criança ao Respeito*, Janusz Korczak.
42. *O Mito*, K. K. Ruthven.
43. *O Direito Internacional no Pensamento Judaico*, Prosper Weill.
44. *Diário do Gueto*, Janusz Korczak.
45. *Educação, Teatro e Matemática Medievais*, Luiz Jean Lauand.
46. *Expressionismo*, R. S. Furness.
47. *O Xadrez na Idade Média*, Luiz Jean Lauand.
48. *A Dança do Sozinho*, Armindo Trevisan.
49. *O Schabat*, Abraham Joshua Heschel.
50. *O Homem no Universo*, Frithjof Schuon.
51. *Quatro Leituras Talmúdicas*, Emmanuel Levinas.
52. *Yossel Rakover Dirige-se a Deus*, Zvi Kolitz.
53. *Sobre a Construção do Sentido*, Ricardo Timm de Souza.
54. *Circularidade da Ilusão*, Affonso Ávila.
55. *A Paz Perpétua*, J. Guinsburg (org).
56. *A "Batedora" de Lacan*, Maria Pierrakos.
57. *Quem Foi Janusz Korczak?*, Joseph Arnon.
58. *O Segredo Guardado: Maimônides – Averróis*, Ili Gorlizki.
59. *Vincent Van Gogh*, Jorge Coli.
60. *Brasileza*, Patrick Corneau.
61. *Nefelomancias: Ensaios sobre as Artes dos Romantismos*, Ricardo Marques de Azevedo.
62. *Os Nomes do Ódio*, Roberto Romano.
63. *Kafka: A Justiça, O Veredicto e a Colônia Penal*, Ricardo Timm de Souza.
64. *O Culto Moderno dos Monumentos: A Sua Essência e a Sua Origem*, Alois Riegl.
65. *Giorgio Strehler: A Cena Viva*, Myriam Tanant.

Este livro foi impresso na cidade de Cotia,
nas oficinas da Meta Brasil,
para a Editora Perspectiva.